Tobi

Schreiblehrgang B

Vereinfachte Ausgangsschrift

von
Barbara Prippenow

illustriert
von
Silke Voigt,
Gabriele Heinisch
und
Uschi Heusel

Cornelsen

Vorbemerkungen

1. Zum Lehrgang

Dieser Lehrgang ist für die Einführung der verbundenen Schrift gedacht. Der Einsatz sollte im Anschluss an den Druckschriftlehrgang erfolgen.
Bis dahin haben die Schüler und Schülerinnen erfahren können, dass Buchstaben stellvertretend für einen Laut stehen. Sie wissen dann, dass Schrift nützlich ist, um anderen etwas mitzuteilen oder sich etwas zu notieren. Mit diesem Verständnis wächst für die Kinder auch die Bedeutsamkeit der verbundenen Schrift, die ein flüssiges Schreiben ermöglicht. Bei der Auswahl der Buchstaben wurde deshalb zum einen darauf geachtet, dass formähnliche Buchstaben weitgehend gemeinsam geübt werden, und zum anderen sich möglichst schnell sinnvolle Wörter und Sätze schreiben lassen, damit der Wortschatz der Kinder sukzessive erweitert wird. In kleinen schriftsprachlichen Übungen, die häufig zugleich das sinnerfassende Lesen schulen, werden die neuen Wörter immer wieder angeboten.
Ab Seite 9 erscheinen Groß- und Kleinbuchstaben auf einer Seite.

2. Die wichtigsten Übungsformen

Feinmotorische Grundübungen

Um sich an den Schreibverlauf eines neuen Buchstabens zu gewöhnen, können bei schwierigen Buchstaben zunächst die vorbereitenden feinmotorischen Grundübungen eingesetzt werden (z. B. Seite 3).
Auf mehreren Seiten des Lehrgangs werden zusätzlich feinmotorische Übungen zu den Grundelementen der jeweiligen Buchstaben angeboten (z. B. Seite 6). Diese (z. B. Arkaden, Girlanden, Bögen, Striche, Winkel) erleichtern das spätere flüssige Schreiben.
Als Schreibgerät eignet sich ein Bleistift oder dünner Filzstift. Beim Nachspuren der Grundelemente oder Buchstaben kommt es nicht auf die Genauigkeit an, sondern darauf, dass locker geschrieben wird.
Im Schreiblehrgang steht nur ein begrenzter Platz für Schwünge zur Verfügung. Daher empfiehlt es sich grundsätzlich, im Vorfeld zu jedem Buchstaben großmotorische Übungen an der Tafel, auf Tapetenrollen, auf Packpapier und auf anderem großen unlinierten Papier mit Wachs- oder dicken Filzstiften durchzuführen, die den Bewegungsablauf verdeutlichen. Dies gilt insbesondere für Buchstaben mit ausgefallenem oder schwierigem Schreibablauf.

Übungen zur akustischen Analyse

Da sich die Schüler häufig noch im ersten Schuljahr befinden, wenn der Lehrgang eingesetzt wird, ist davon auszugehen, dass nicht in allen Fällen eine sichere Zuordnung Laut-Buchstabe vorgenommen werden kann. Zur besseren Orientierung und Verdeutlichung finden sich auf vielen Seiten Bilder, in denen Begiffe mit dem jeweiligen An- oder Inlaut zu entdecken sind.

Das Nachschreiben

Die Kinder spuren die neuen Buchstaben in den weißen Feldern mehrmals farbig nach und schreiben sie dann in unterschiedlichen Größen in das Feld.
Die Schreibansatzpunkte sind mit kleinen Pfeilen gekennzeichnet und nummeriert. Haltepunkte sind durch kleine Kreise markiert. Diese Übung dient dazu, die Form des Buchstabens genauer zu erfassen.

Schreibübungen

Die neuen Buchstaben sollen einzeln oder in Wörtern in Linien geschrieben werden. Graue Buchstaben werden zuvor nachgespurt. Dabei sollen die Schüler und Schülerinnen lernen, in einem Zug bis zur Oberlinie des Mittelbandes zu schreiben. So wird diese Linie als Anfangs- und Endpunkt für fast alle Kleinbuchstaben ins Bewusstsein gerückt. Besonderes Augenmerk verdienen bei der Vereinfachten Ausgangsschrift die Buchstaben a, c, d, g, o und qu. Sie beginnen nicht dort, wo der vorherige Buchstabe endet. Statt dessen muss sich der Stift vom Papier lösen und weiter rechts mit dem neuen Buchstaben beginnen. Da viele Kinder diesen „Luftsprung“ oftmals vergessen, wird bei entsprechenden Buchstabenverbindungen mit einem roten Pfeil darauf hingewiesen.

Um den speziellen Bedürfnissen der Linkshänder entgegenzukommen, sind die Wörter sowohl am rechten als auch am linken Rand abgedruckt.

Differenzierung

Da im Lehrgang zum Schreiben längerer Texte sowie zum Üben schwieriger Buchstaben oder Verbindungen wenig Platz bleibt, werden verschiedene Zusatzangebote gemacht. Sie bieten Gelegenheit zu qualitativer und quantitativer Differenzierung und einer individuellen Vertiefung.
Bei den Angeboten handelt es sich um
- kleine Schreibaufträge für das Heft bei beinahe jedem neu eingeführten Buchstaben (gekennzeichnet durch das Symbol Heft),
- zusätzliche Abschreibtexte auf den Seiten 52–54, auf die jeweils durch eine Notation am unteren Seitenrand hingewiesen wird,
- vertiefende Übungen zu Besonderheiten der verbundenen Schrift (Seite 55–58),
- Anregungen zum Freien Schreiben (Seite 59–63).

I i

U u

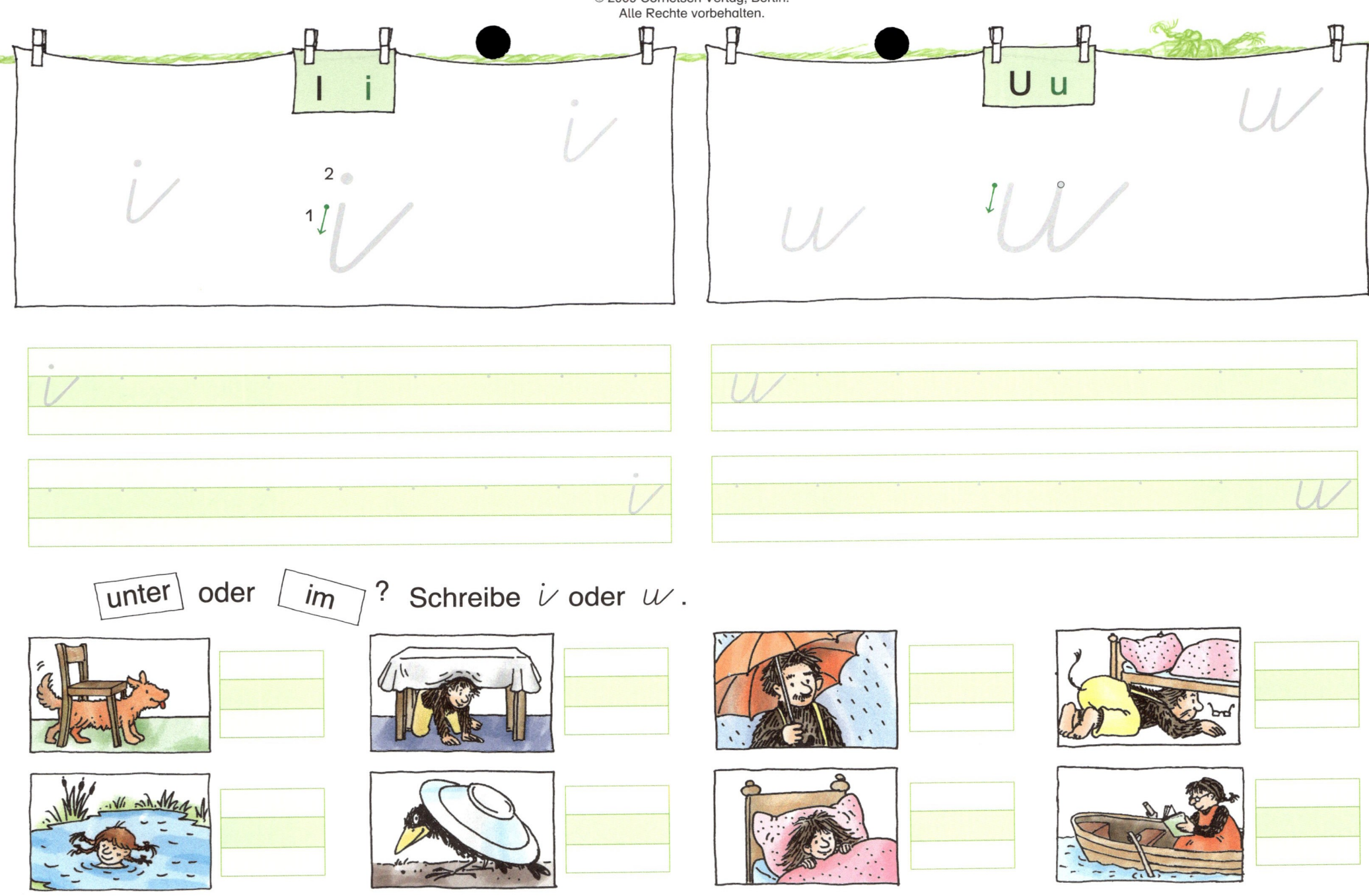

unter oder im ? Schreibe i oder u .

n n

m m

in
in

im
im

um
um

in

im

um

in

im

um

nun nun

nimm nimm

A a

D d

a a

d d

am am

da da

am am

da da

dann

und

dann

und

dann

und

du an nanu dumm

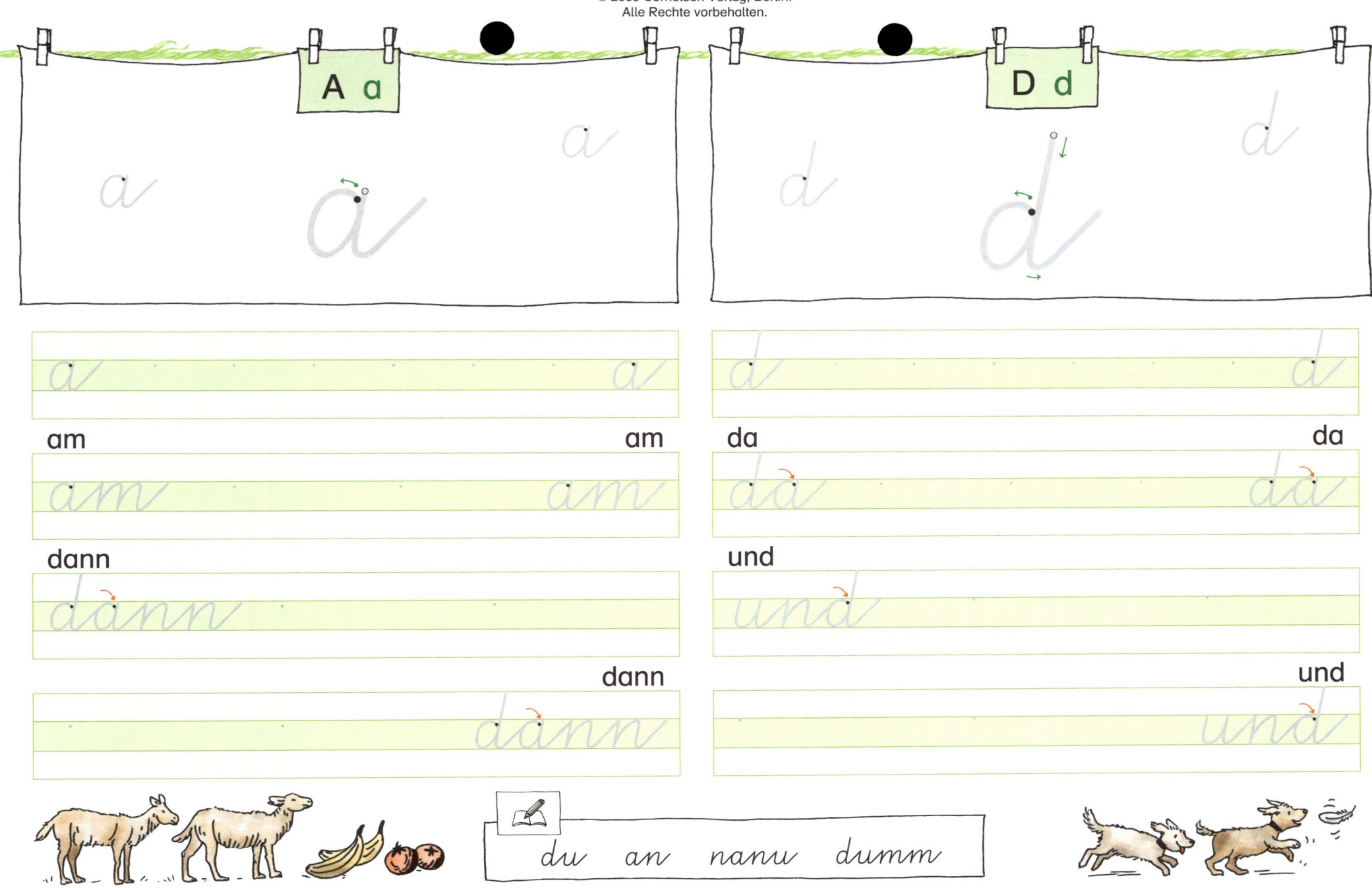

O o

O o

Oma Oma

oo oo

Oma am

Oma am

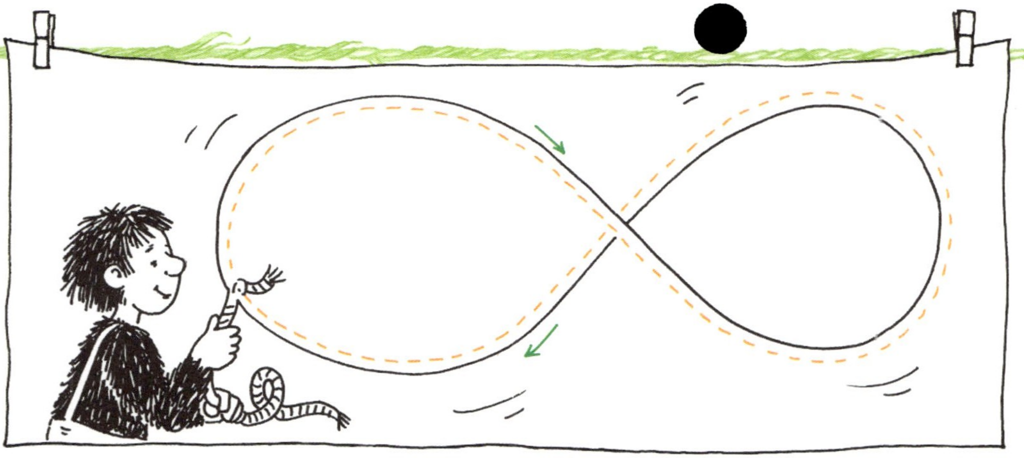

L l

L L

Land Land

Was passt zusammen ?

1 Limo Limo 

2 Lama Lama 

3 Lamm Lamm 

Was gibt es wirklich ?

Lama und Lamm 

Lama und Limo 

l l

ll ll

mal mal

lila lila

f f

ff ff

doof doof

 Setze l oder f ein.

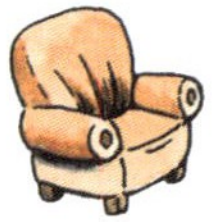

E e

e e e e

Ei ei

ei ei

1 2

ei

Eu eu

eu eu eu

e e

ei ei

eu eu

den den

ein ein

neu neu

Was passt ? mein elf Leim ein neu neun

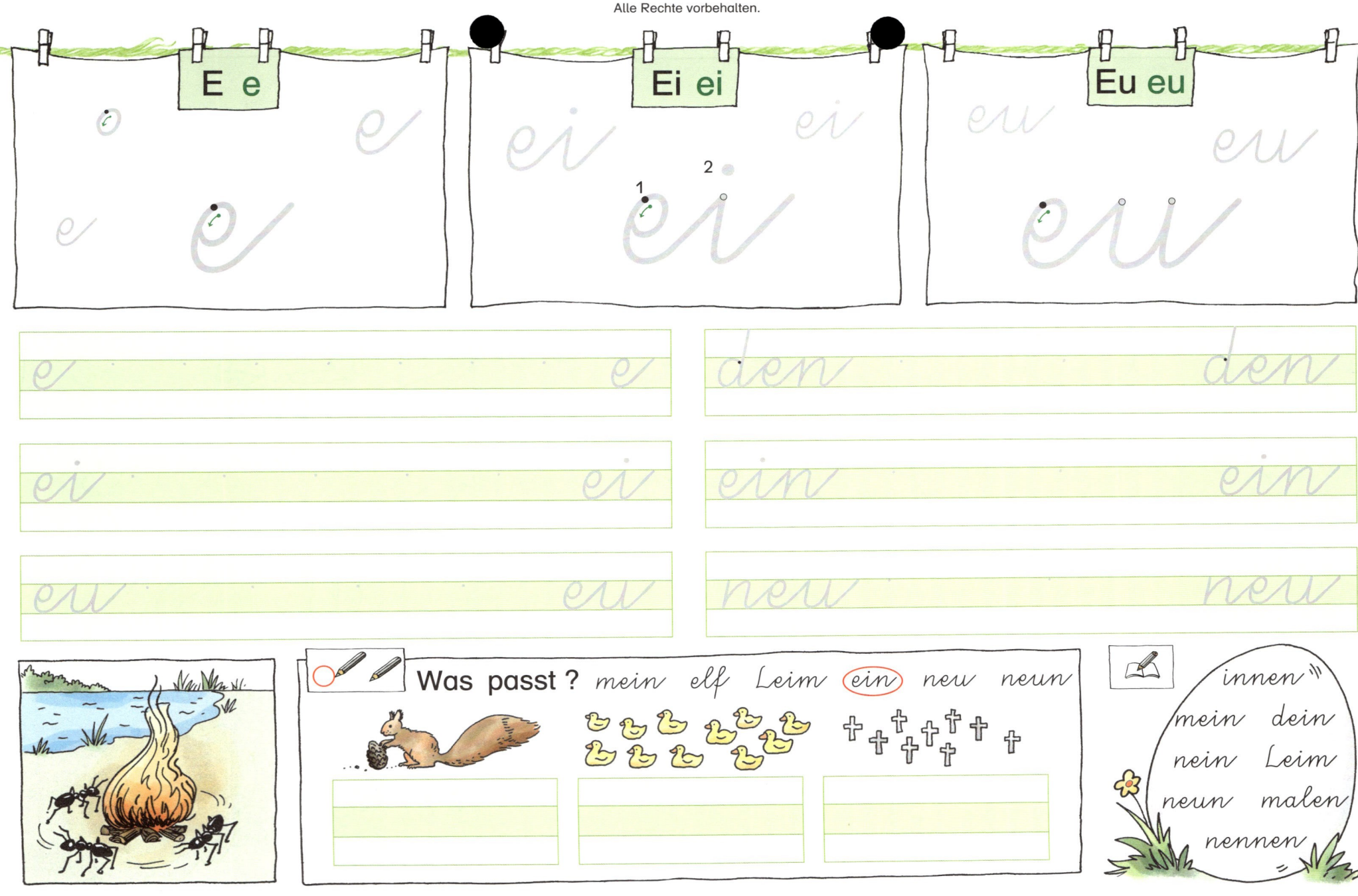

innen
mein dein
nein Leim
neun malen
nennen

N n

M m

Was passt zusammen ?

1 Mama 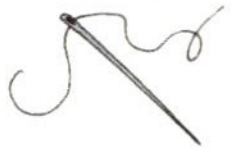

2 Mona 

3 Nadel 

4 Nudeln 

Mund Name Mann Nonne Mandel Made

▶ S. 52 Nr. 1

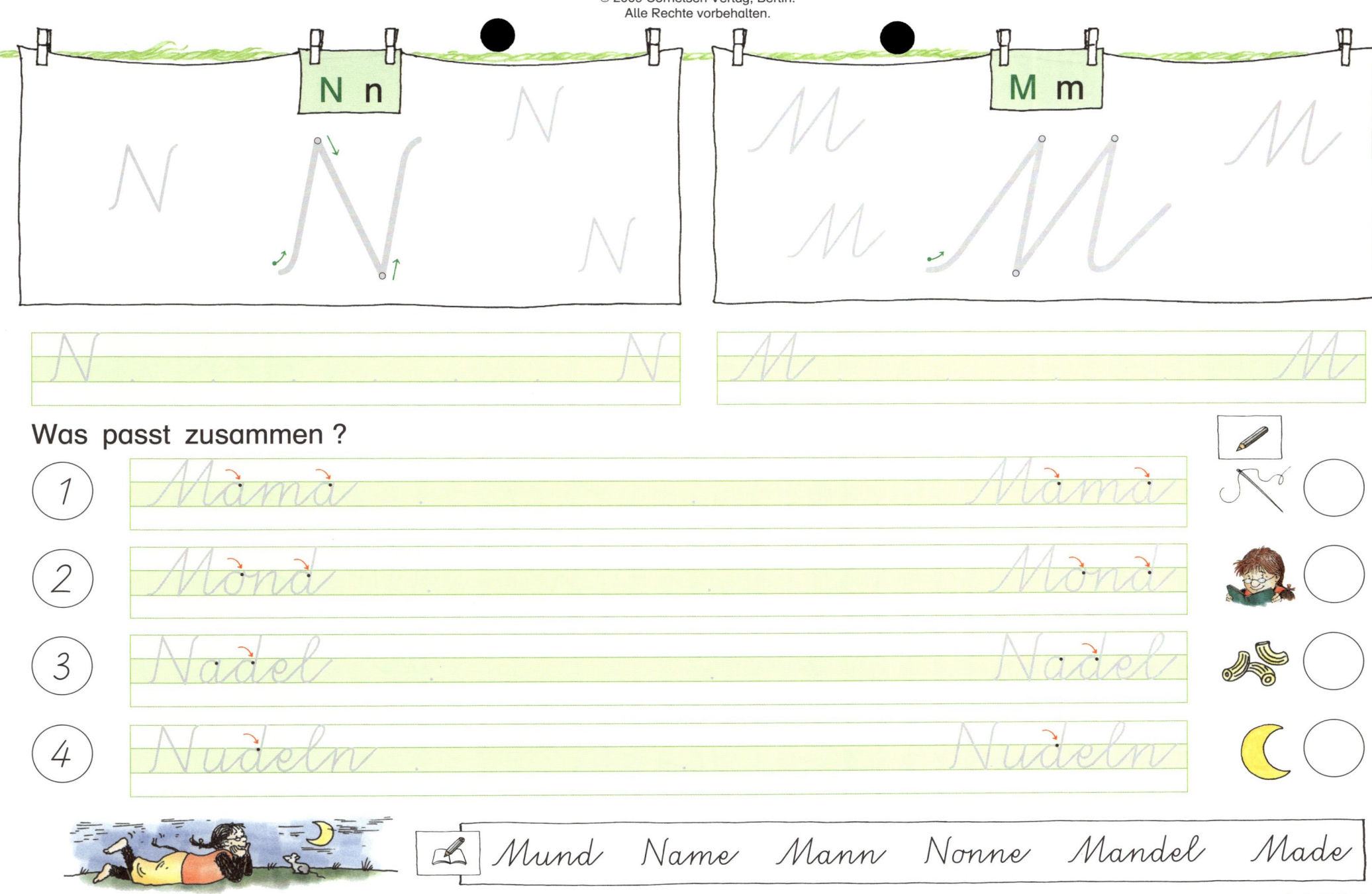

T t

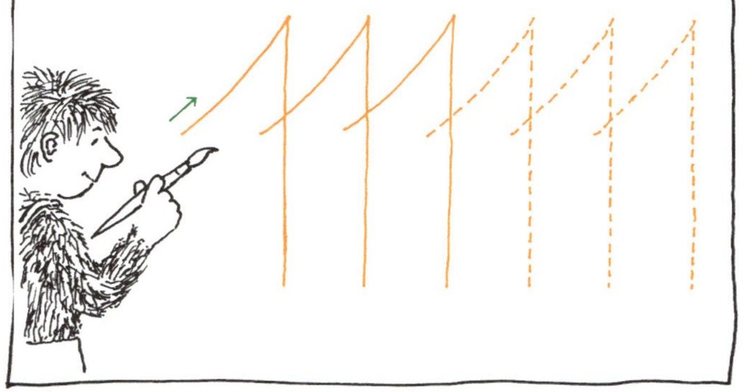

T t

T

Tee

Tinte

Tal

t

mit

nett

Tante Tonne Tomate Matte
Mitte toll teilen tun Motte

Was malt Oma ?

- ○ Oma malt Tomaten.
- ○ Oma malt eine Motte.
- ○ Oma malt eine tolle Tanne.
- ○ Oma malt eine alte Tonne.

▶ S. 52 Nr. 2

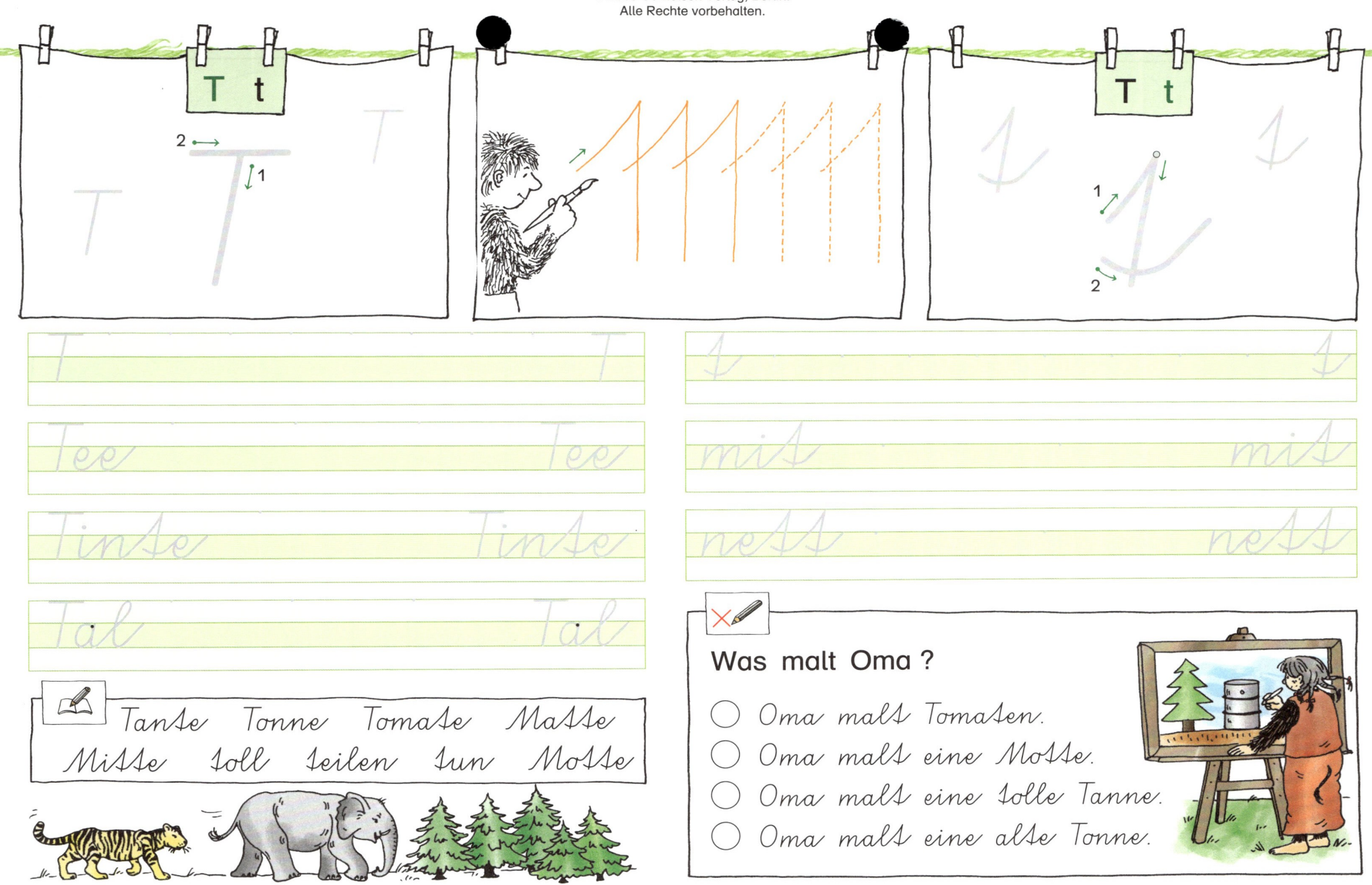

R r

r r

fort fort

der der

Tor Tor

rot rot

er er

rund rund

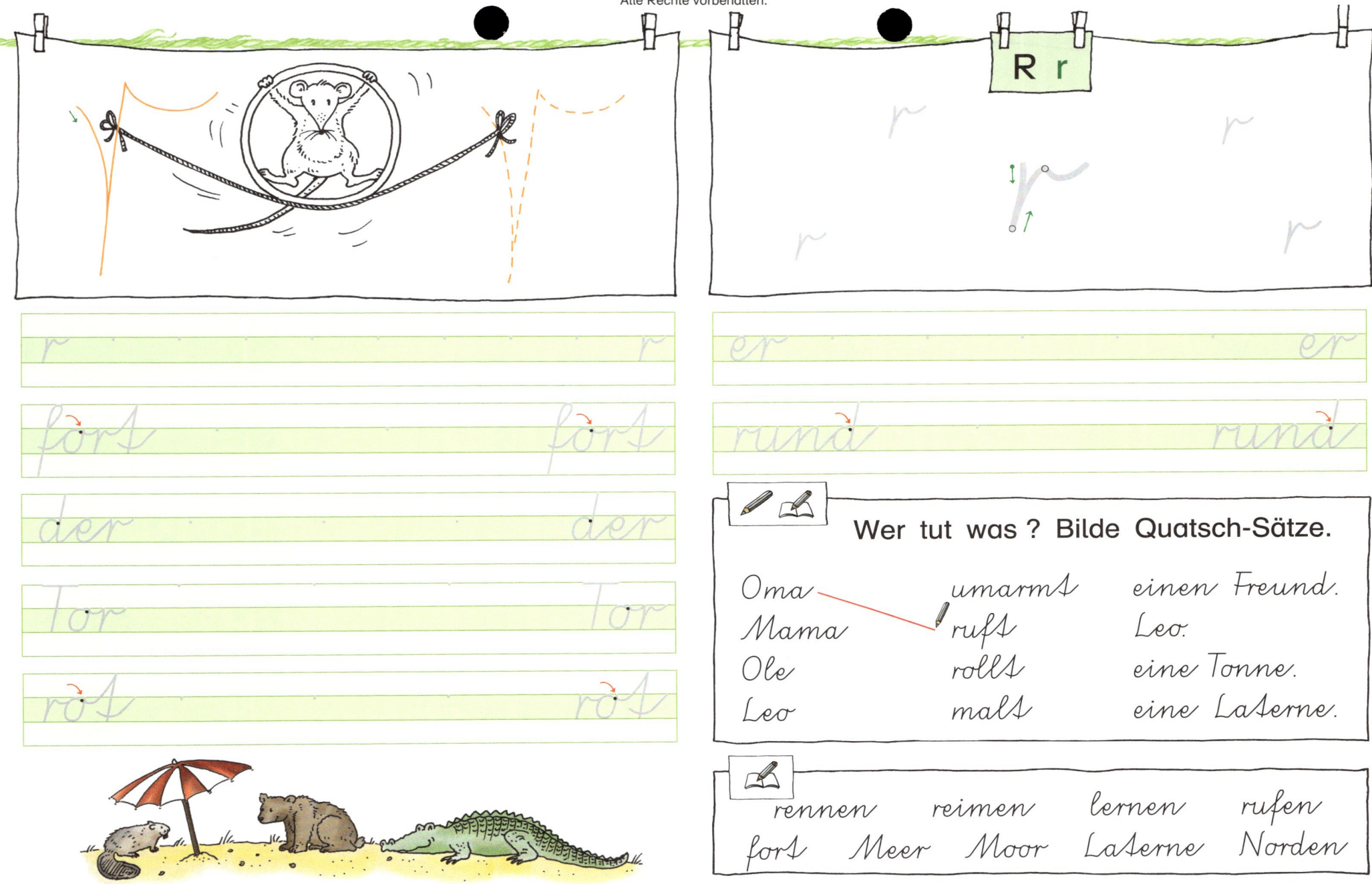

Wer tut was ? Bilde Quatsch-Sätze.

Oma	umarmt	einen Freund.
Mama	ruft	Leo.
Ole	rollt	eine Tonne.
Leo	malt	eine Laterne.

rennen reimen lernen rufen
fort Meer Moor Laterne Norden

▶ S. 52 Nr. 3

P p

2
1
P P P

P p

p p p

P P

p p

Papa Papa

pp pp

Pfeife Pfeife

Opa Opa

Palme Palme

Lupe Lupe

Ein Buchstabe ändert sich: *Oma* → *Opa*

Pappe → *P ppe*

Lappen → *L ppen*

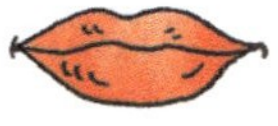

Schreibe so: *Oma – Opa*

Pudel → *udel*

Panne → *anne*

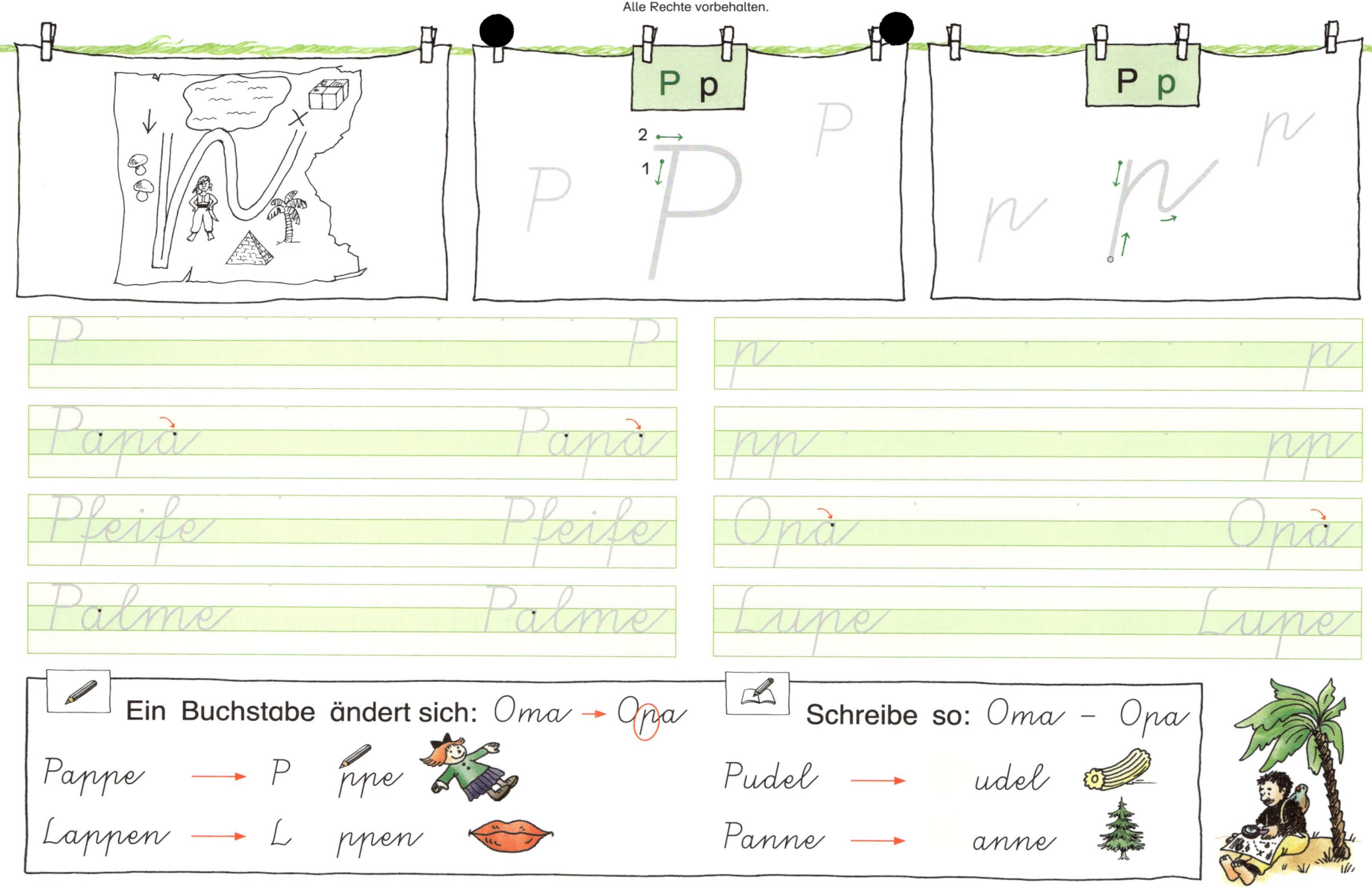

h h

her her

hell hell

Reh Reh

hin hin

hat hat

Oh weh!
Der Wolf rennt hinter dem Hasen her.
Er will ihn fressen.
Der Wolf ist sehr nah.
Da hilft Ela dem Hasen.

Male den Hasen.

Schreibe so: *Oh weh! Der …*

Wer tut was?

Der Wolf	*hilft*	*den Mond an.*
Ela	*heult*	*hinter Ela her.*
Der Hase	*hopst*	*dem Hasen.*

R r

D d

R R
Rad Rad
Rinde Rinde

D D
Dorf Dorf
Dame Dame

Dorn Dorf Dino Roller Reifen Ratte Ritter

1. Oma malt eine feine Dame.
2. Mama findet einen tollen Roller.
3. Der Ritter reitet ein lila Lama.

Schreibe so:

1. Oma malt …
2. Mama …

▶ S. 52 Nr. 4

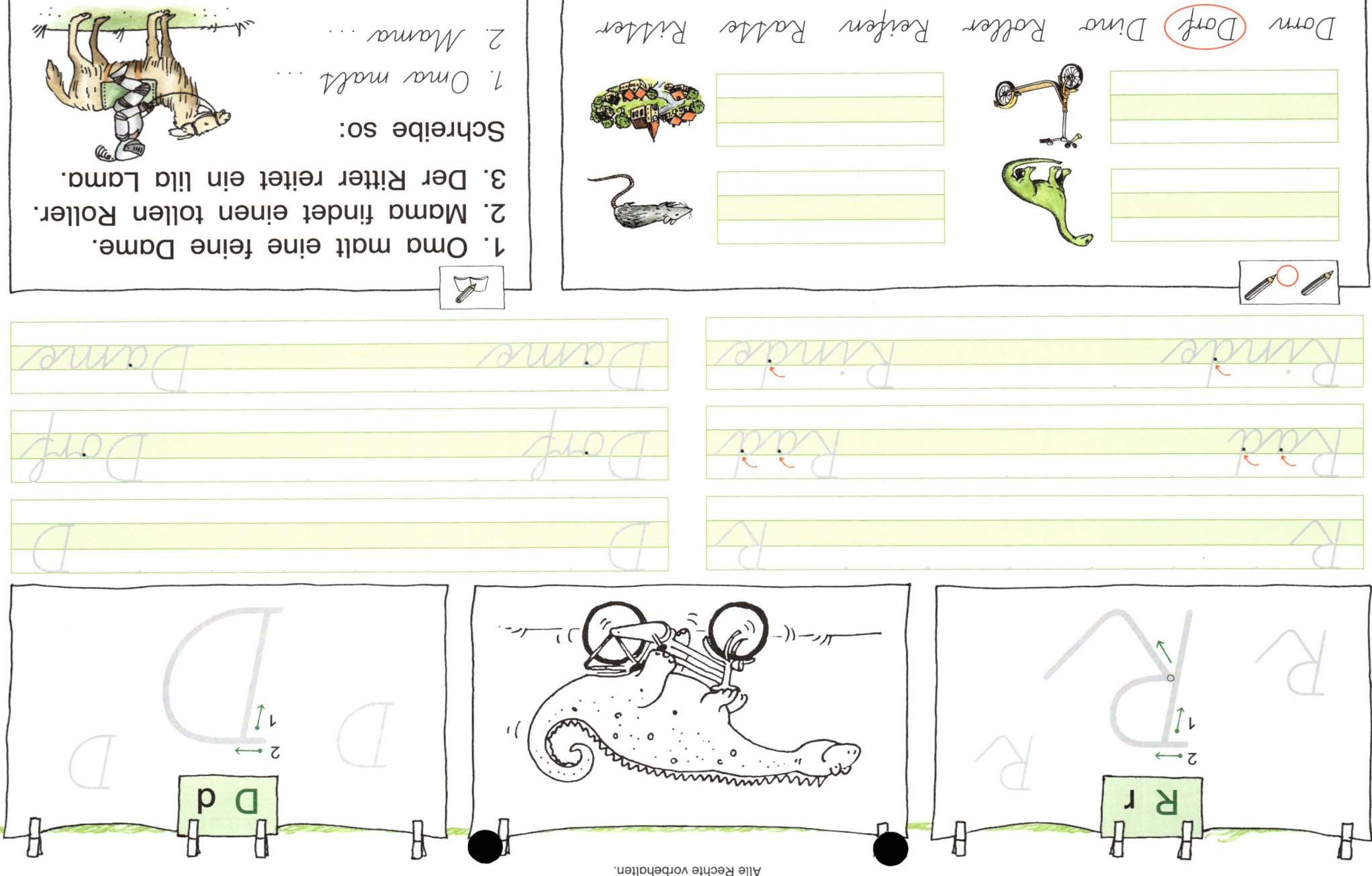

E e

Ei ei

Eu eu

E E

Ei Ei

Eu Eu

Ente Ente

Eimer Eimer

Eule Eule

Was passt ?

Elfe Ela Ende Einfall Eile Eier Euro

- ◯ Ela und Oma malen eine Elfe.
- ◯ Ela und Oma malen im Eimer.
- ◯ Ela und Oma malen Eier.

▶ S. 52 Nr. 5

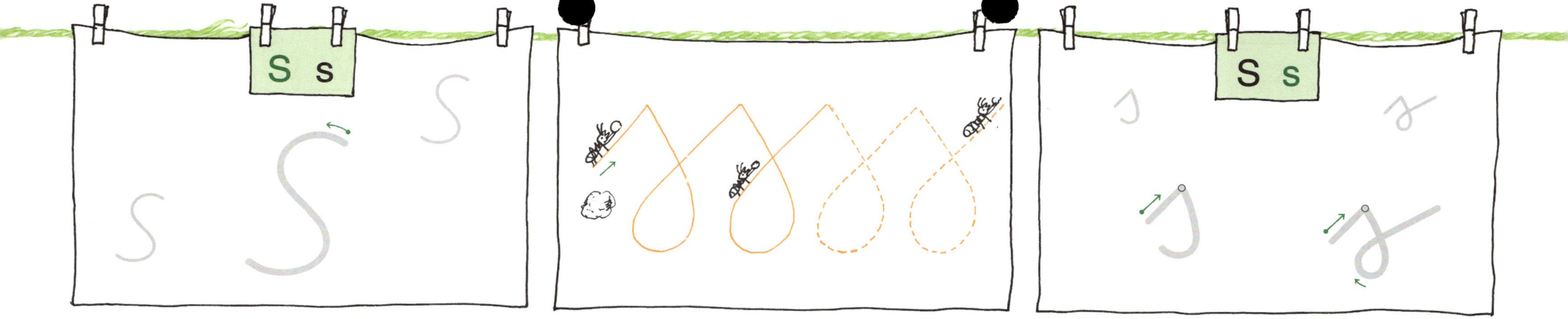

Sonne Sonne | das das

Seil Seil | ist ist

See See | nass nass

Was passt ? Male weiter.

Der Esel ist am See.
Das ist eine Tasse mit Rosinen.
Ole frisst eine Salami.
Mama sammelt rosa Rosen.

▶ S. 52 Nr. 6

W w

W w

W W

Wal Wal

Wurst Wurst

Wespe Wespe

w w

wo wo

was was

wer wer

Finde Reime.

Welle Wand Wolle wollen
Teil Land dann / weil
wann Delle Trolle rollen

weinen wissen wollen
warum Wanne Wald
Wind weil
Wort

▶ S. 53 Nr. 7

F f

2 1 3

F F F

H h

1 2 3

H H H

F F

Fee Fee

Foto Foto

H H

Hals Hals

Heft Heft

Was passt ?

Schreibe so: Heute feiern …

- ◯ Heute feiern alle mit der Fee ein Fest am Felsen.
- ◯ Ein Hund und ein Hamster rennen um das Feuer.
- ◯ Leo nimmt Mama den Hut fort. Na so was!

Hof
Halle
Hand
Falle
Fass
Flamme
Freund

▶ S. 53 Nr. 8

C c

c c c c c

c c

Dracula

Dracula

Ch ch

ch ch ch

ch ch

ich ich

ach ach

Male alles mit ch an.

Kreise ein: ch wie in ich = rot   ch wie in acht = blau

Licht hoch Nacht mich Wichtel Dach
Tuch leicht weich machen lachen
nicht doch wach reich Drache noch
Woche suchen leuchten acht Milch Elch

C c

C c C c C

C C

Comic

Comic

Ch ch

Ch Ch Ch

Ch Ch

Chor

Chor

Was passt? Verbinde und male fertig.

Das ist der Clown
Claudio. Er hat eine
Cola in der Hand.

Christina hat Creme
an der Nase.

Papa will Wurst
im Laden holen.
Er hat drei Cent.

Ein Chinese isst Reis.

▶ S. 53 Nr. 9

ie

ie ie ie ie ie

ie ie

sie sie

wie wie

Tier Tier

Lied Lied

die die

tief tief

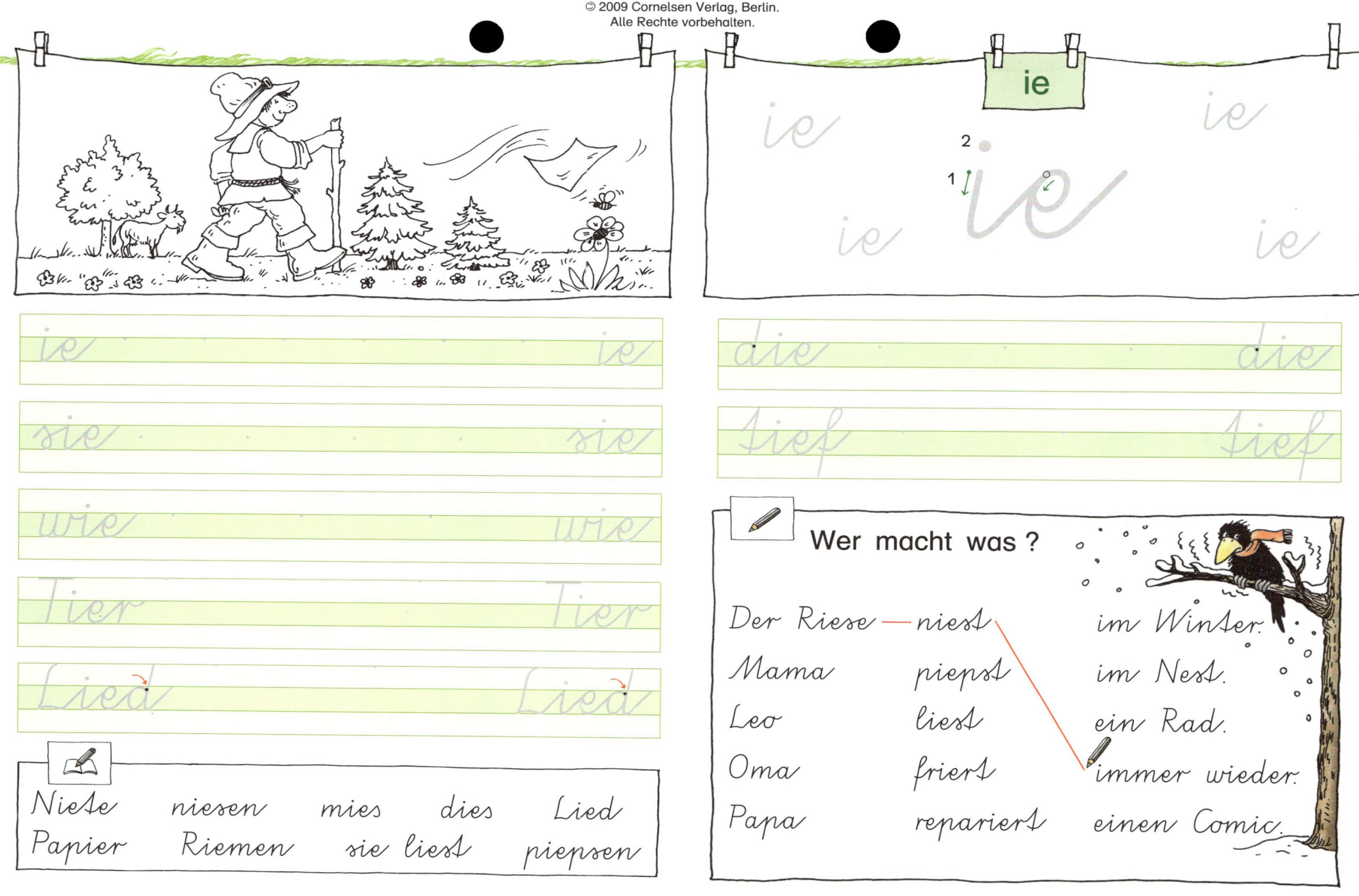

Niete niesen mies dies Lied
Papier Riemen sie liest piepsen

Wer macht was?

Der Riese	niest	im Winter.
Mama	piepst	im Nest.
Leo	liest	ein Rad.
Oma	friert	immer wieder.
Papa	repariert	einen Comic.

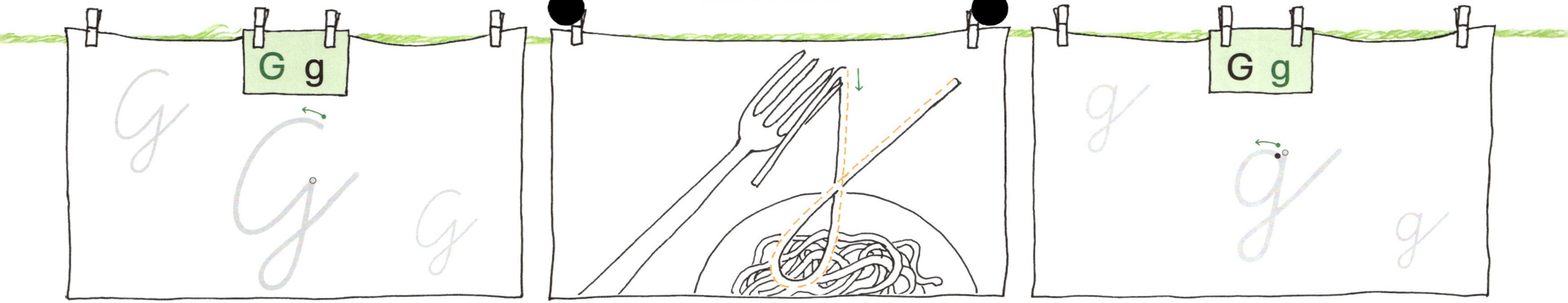

G G
Gold Gold
Geld Geld
Geige Geige

g g
gut gut
gern gern
Weg Weg

gegen glatt
wiegen liegen
Gans Geist Gott
Garten Tiger

Was reimt sich ?

Garten sagen Gras tragen wiegen
warten
fegen liegen Regen Glas

B b

2 1

B B B

B b

b b b

B B

Ball Ball

Boot Boot

Brot Brot

b b

bis bis

bei bei

lieb lieb

Suche das Wort ohne b.

Rabe Dieb Sieb loben
oben Biber Farbe gelb
rot blau braun

Wer tut was?

Oma badet Ole.
Ela bastelt einen Roboter.
Papa bohrt ein Loch.
Mama reibt Obst.

▶ S. 53 Nr. 10

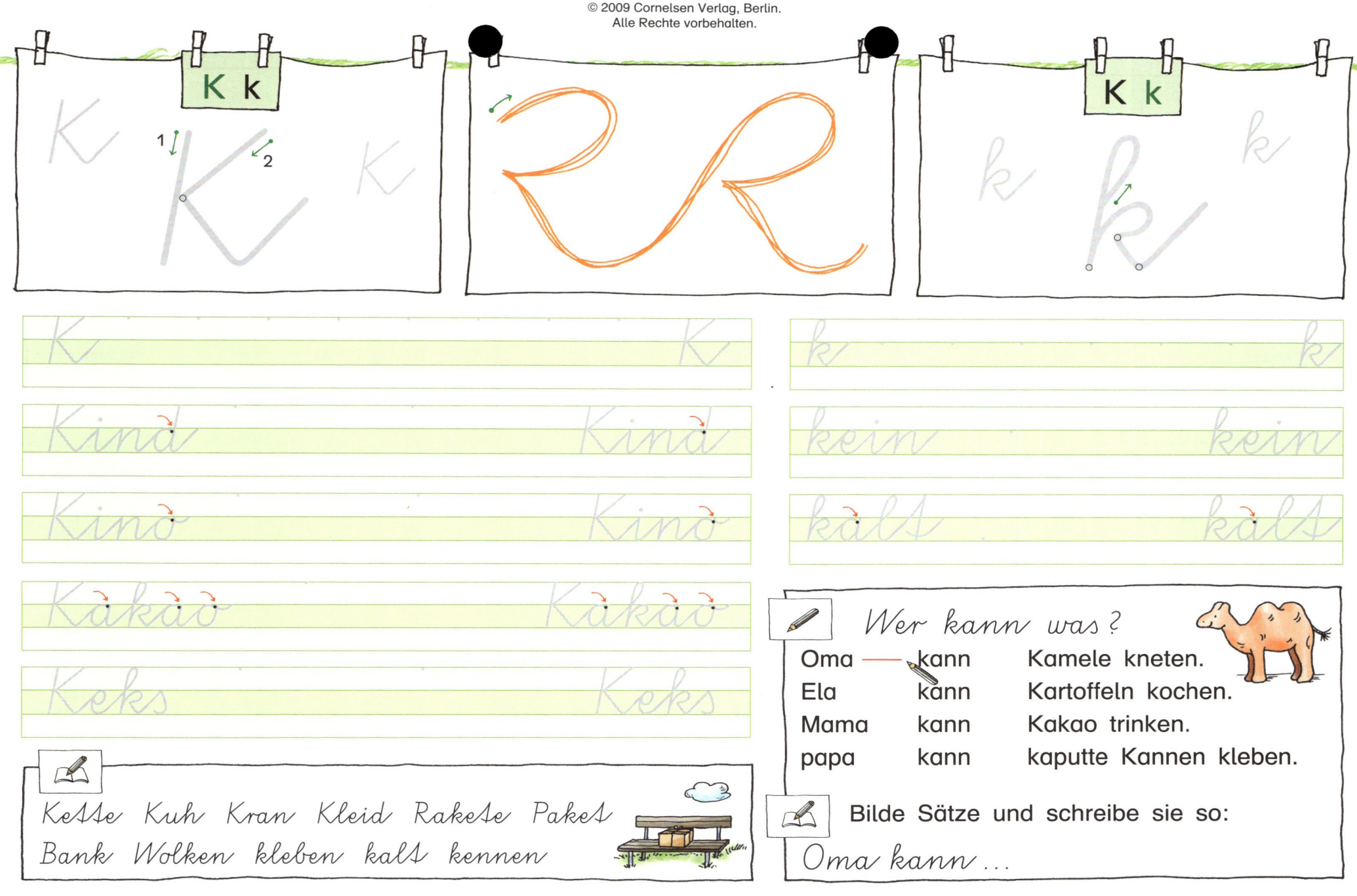

K k

K 1 2 K

K k

k k k

K K | k k

Kind Kind | kein kein

Kino Kino | kalt kalt

Kakao Kakao

Keks Keks

Kette Kuh Kran Kleid Rakete Paket
Bank Wolken kleben kalt kennen

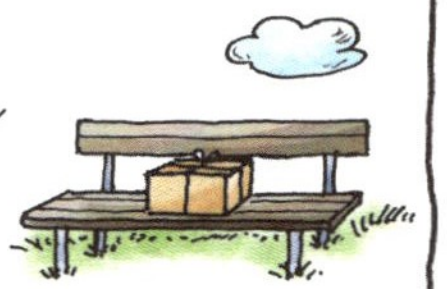

Wer kann was?

Oma	kann	Kamele kneten.
Ela	kann	Kartoffeln kochen.
Mama	kann	Kakao trinken.
papa	kann	kaputte Kannen kleben.

Bilde Sätze und schreibe sie so:

Oma kann ...

ck

ck ck ck ck

ck ck

Rock Rock

Sack Sack

Knick Knick

Ruck Ruck

Finde die sieben Wörter mit ck. Kreise ck ein.

knicken|schluckenweckenreckenbackenknackenknicken

Ela reimt:

Knick-knuck-knack,
die Mandarine ist im Sack.

Ricke-racke-rocke,
Ela hat nur eine Socke.

Tock-tack-tecker,
so tickt unser Wecker.

Schreibe so in dein Heft:
Knick-knuck-...

Kannst du einen eigenen Reim finden?

▶ S. 53 Nr. 11

I i

ein Mann mit Federn im Haar

1 Insel

ein kleines Land im Meer

2 Igel

eine Eiswohnung

3 Idee

ein Tier mit Stacheln

4 Iglu

ein guter Einfall

5 Indianer

A a

Au au

Au au

A A

Au Au

au au

Arm Arm

Auto Auto

auf auf

die oder *das* ?

der

Schreibe so:

der Adler, …

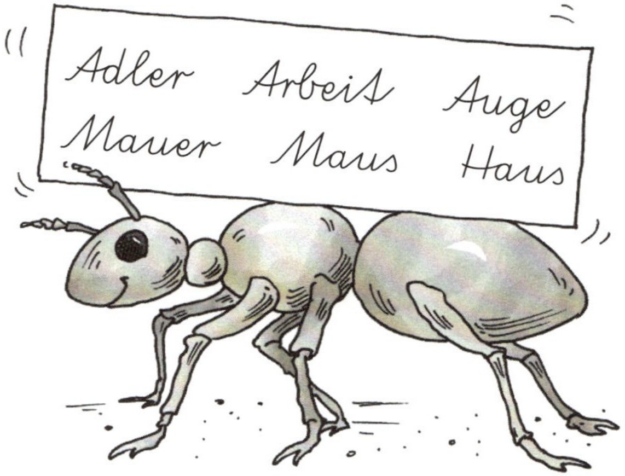

Bilde Sätze.

Schreibe sie so:

Die Ameisen …

Die Ameisen	baumeln	um die Ecke.
Die Amseln	laufen	gerne am Tau.
Die Autos	bauen	auf dem Boden.
Die Affen	brausen	ein Nest im Baum.

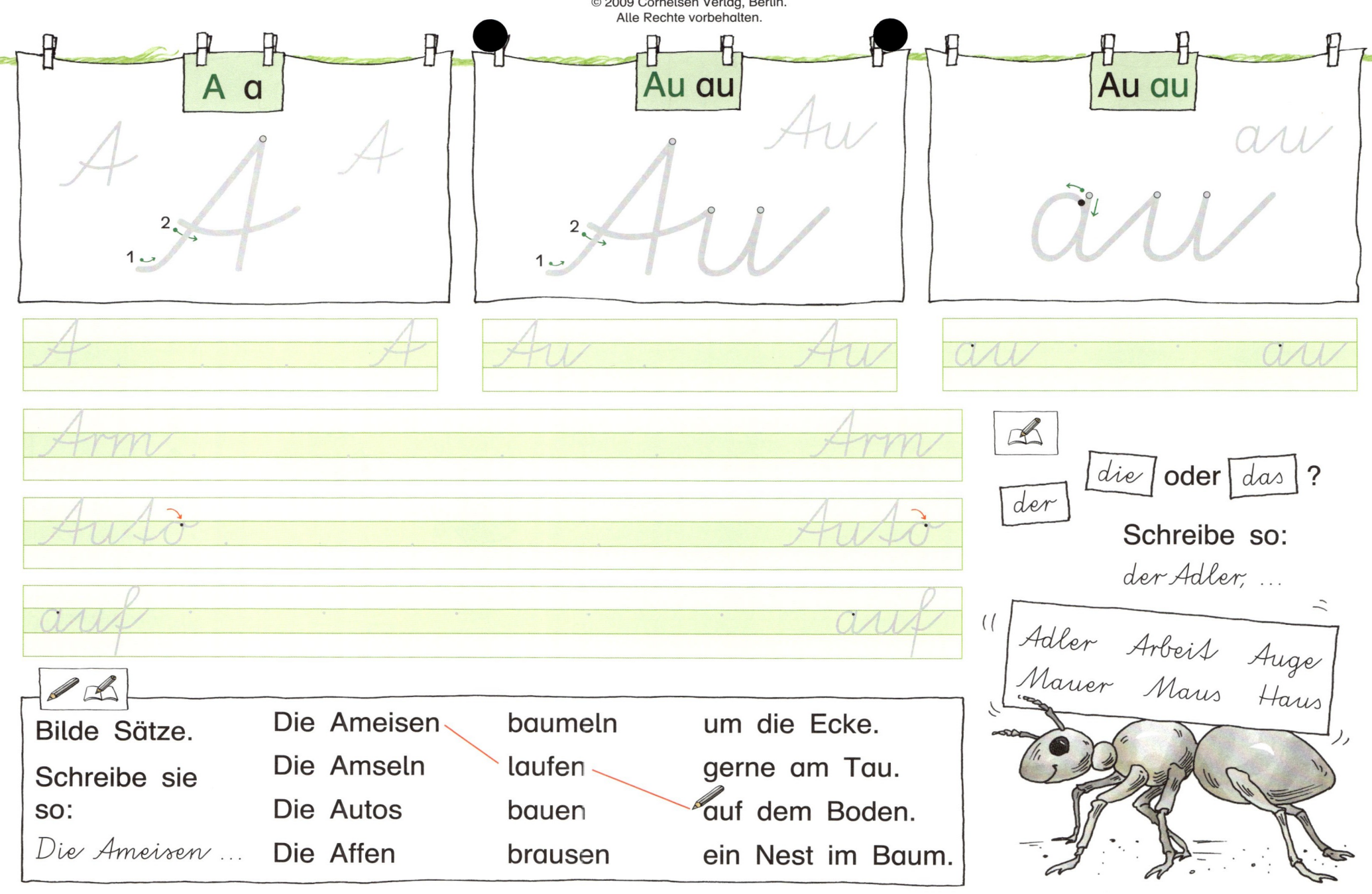

Sch sch

sch

Sch

sch

Sch

Sch Sch

sch sch

1 Schnee Schnee

2 Busch Busch

3 Fisch Fisch

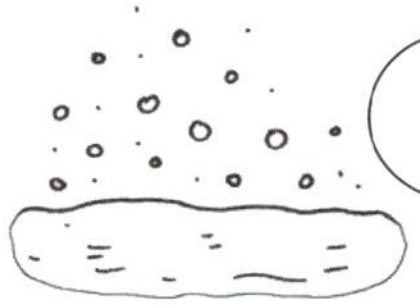

Tisch
Frosch
schnell
schwer
schreien
Schatten
Schnabel
Schal
Schuh
Schachtel
Schnur

So ein Quatsch.

Würfle drei Mal.

Schreibe die Sätze so:

Der Schwan …

Der Schwan	schwimmt	auf dem See.
Der Schneemann	schnarcht	im Schlaf.
Das Schwein	nascht	eine Tafel Schokolade.
Der Schmetterling	schwebt	in der Luft.
Der Fischer	schlummert	auf dem Schiff.
Das Schaf	schnauft	den Berg hinauf.

▶ S. 53 Nr. 12

Z z

Z Z

Zoo Zoo

Zirkus Zirkus

Zucker Zucker

Zebra Zebra

Zeiger Zeiger

Zorn Zorn

Finde Reime.

Zahl Bahn
Reh Wahl
Zahn Fliege Berg
Zeh Zwerg Ziege

Bilde Sätze:

Das Reh hat einen Dorn im ...

Z z

tz

z

tz

zu

kurz

Platz

Sitz

Kreise z ein.
Suche dir einen Zungenbrecher aus.
Schreibe ihn in Schreibschrift in dein Heft.

Zwischen zwei Zwetschgenzweigen zwitschern zwei Schwalben.

Kleine Katzen kratzen mit ihren zarten Tatzen.

Zehn zahme Zebras ziehen zehn Zentner Zwiebeln zum Zoo.

Netz Satz Schatz Witz schwitzen sitzen zornig zusammen bezahlen

▶ S. 54 Nr. 13

St st

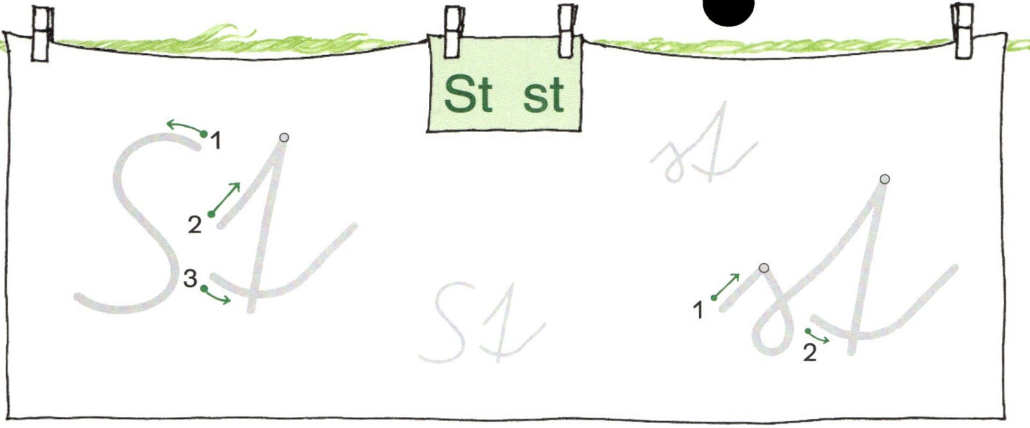

Sp sp

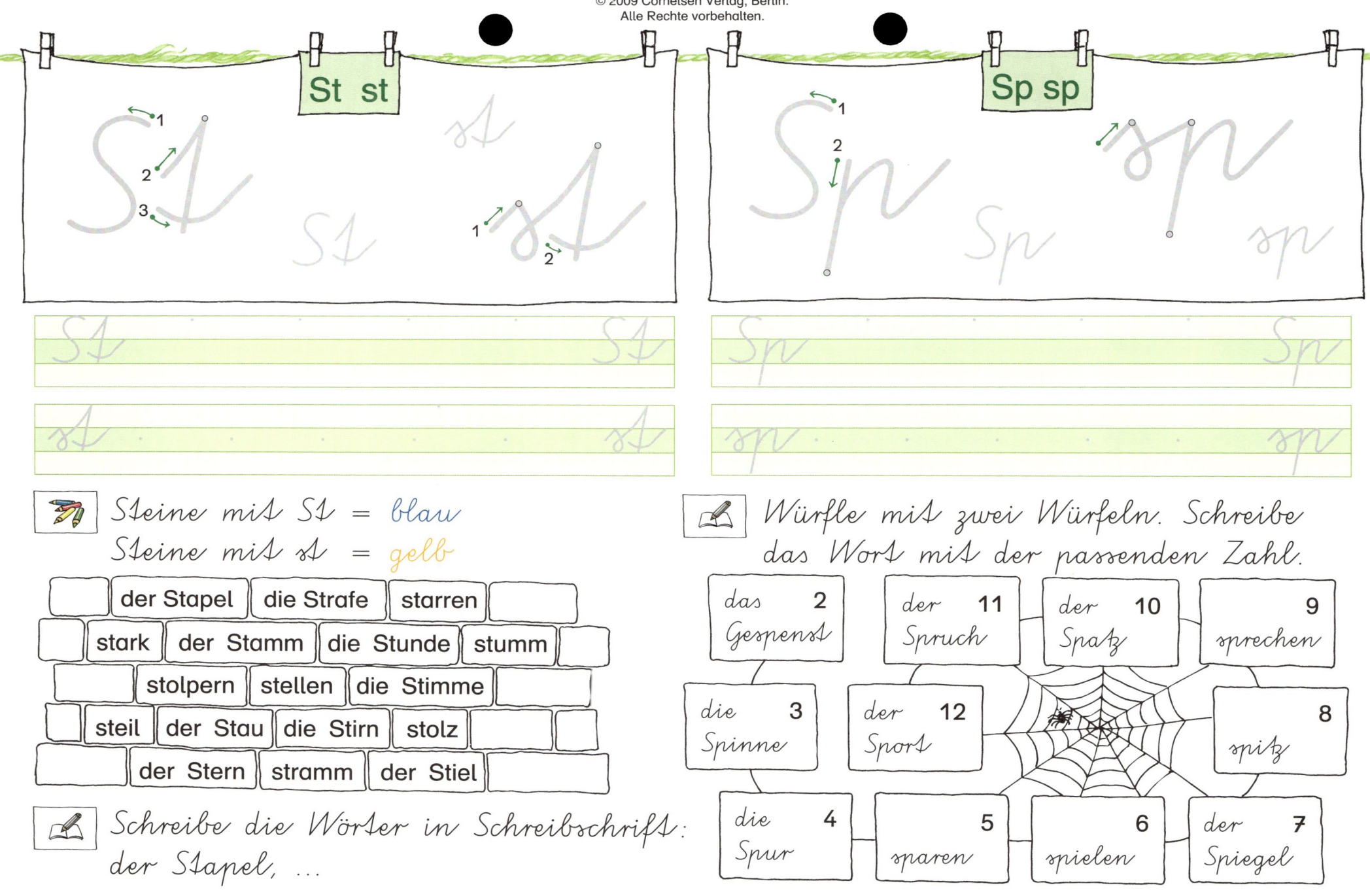

Steine mit St = blau
Steine mit st = gelb

	der Stapel	die Strafe	starren	
	stark	der Stamm	die Stunde	stumm
	stolpern	stellen	die Stimme	
	steil	der Stau	die Stirn	stolz
	der Stern	stramm	der Stiel	

Schreibe die Wörter in Schreibschrift:
der Stapel, …

Würfle mit zwei Würfeln. Schreibe das Wort mit der passenden Zahl.

2	das Gespenst
3	die Spinne
4	die Spur
5	sparen
6	spielen
7	der Spiegel
8	spitz
9	sprechen
10	der Spatz
11	der Spruch
12	der Sport

U u

Ü ü

Uhr

Übung

über

Setze U, Ü oder ü ein.

der berfall

der rlaub

brig

die T r

die R be

l gen

die Br cke

U u

Achtung, es gibt ein eu!

In Ulm und um Ulm und um Ulm herum
heulen fünf Uhus, die sind gar nicht dumm.

Schreibe die Wörter mit U, u in dein Heft.

Ä ä

Ä ä

Ö ö

Ö ö

Ä Ä

ä ä

Ö Ö

ö ö

Ärger Ärger

Bär Bär

Öl Öl

Löwe Löwe

Aus eins mach mehrere.

ein Apfel – zwei Ä ...
ein Hahn – drei ...
ein Kran – fünf ...
ein Zahn – acht ...
ein Ofen – neun ...
ein Koch – zehn ...
ein Topf – elf ...

Ärmel Säge Käfer Rätsel Mädchen lächeln zählen Öffnung Öse schön trösten Möwe Lösung nötig

▶ S. 54 Nr. 14

J j

J j

Ja oder Nein ?

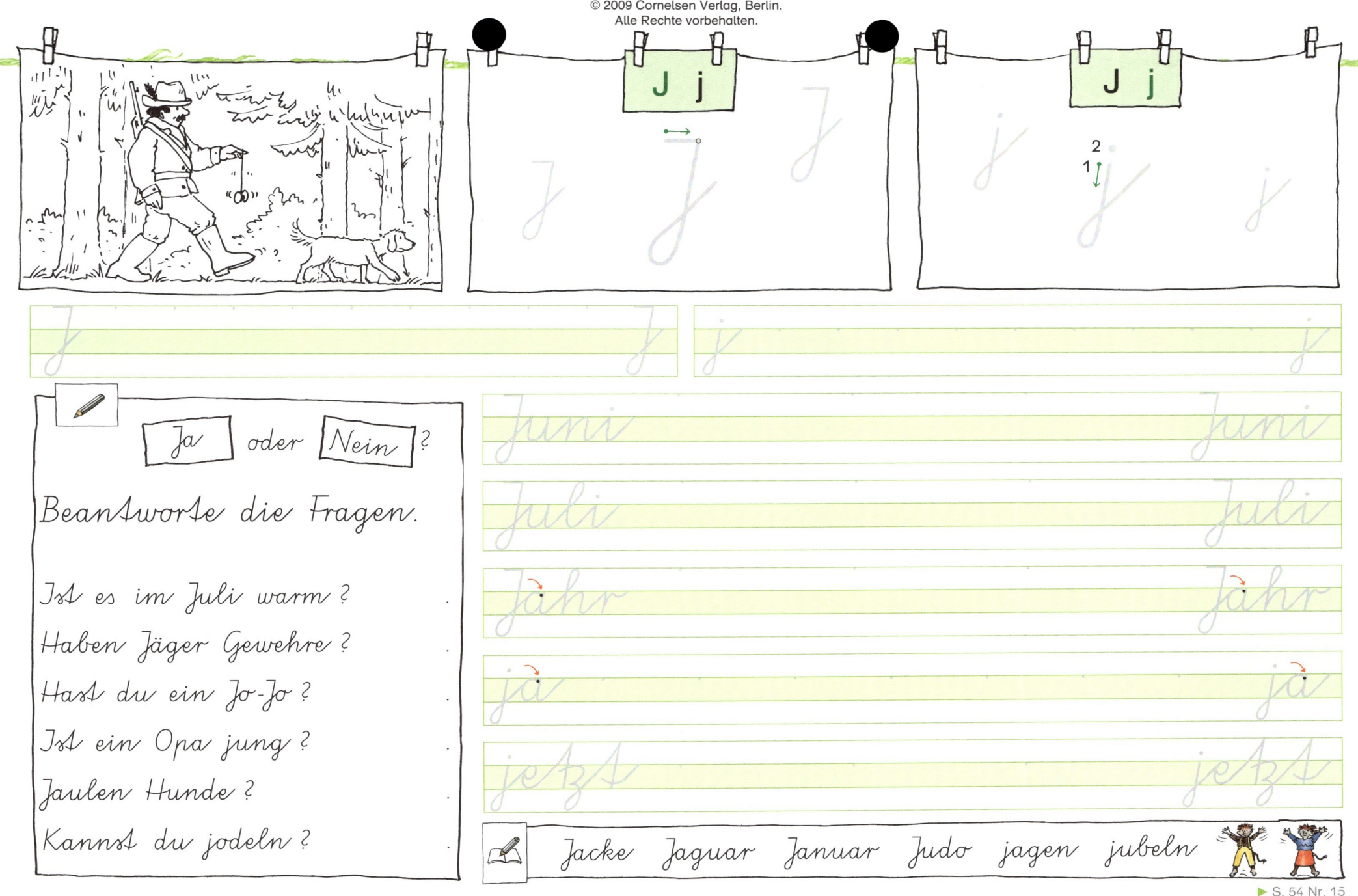

Beantworte die Fragen.

Ist es im Juli warm ? .

Haben Jäger Gewehre ? .

Hast du ein Jo-Jo ? .

Ist ein Opa jung ? .

Jaulen Hunde ? .

Kannst du jodeln ? .

Juni Juni

Juli Juli

Jahr Jahr

ja ja

jetzt jetzt

Jacke Jaguar Januar Judo jagen jubeln

▶ S. 54 Nr. 15

Qu qu

Qu

qu

Qu Qu

qu qu

Quark Quark

Qualle Qualle

quer quer

quitt quitt

Welche Wörter findest du?
Schreibe sie in Schreibschrift.

quä-	men	quat-
schen	ken	quiet-
qua-	schen	quie-
ken	len	qual-

Qu, qu — Finde die sieben Wörter.

QuelleQuizQuarkQuadrat
QuirlAquariumQualle

V v

V v

Vater

Vampire

voll

viel

Ergänze.

In der Vase sind viele Blumen.

Der Vampir spielt Klavier.

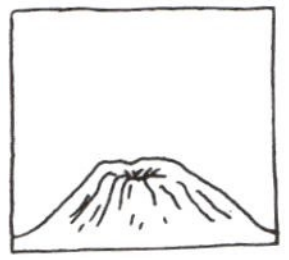

Vier Vögel fliegen über den Vulkan.

ver-	vor-
stellen	raten
kaufen	laufen
machen	schreiben
rechnen	stecken
sprechen	suchen

Bilde möglichst viele Wörter.

Schreibe sie in Schreibschrift.

▶ S. 54 Nr. 16

ß

ß ß ß

ß ß

süß süß

1 Strauß Strauß

2 Straße Straße

3 dreißig dreißig

Betrachte das Bild oben. Was passt?

- ◯ Die Tobis sind auf einem Floß.
- ◯ Papa hat ein Buch auf dem Schoß.
- ◯ Ela strampelt mit den Füßen.
- ◯ Papa hält die Füße ins Wasser.
- ◯ Opa isst einen dicken Kloß mit Soße.
- ◯ Opa guckt fleißig durchs Fernglas.

Schreibe die richtigen Wörter in Schreibschrift.

außen beißen
reißen Gruß
gießen fließen

▶ S. 54 Nr. 17

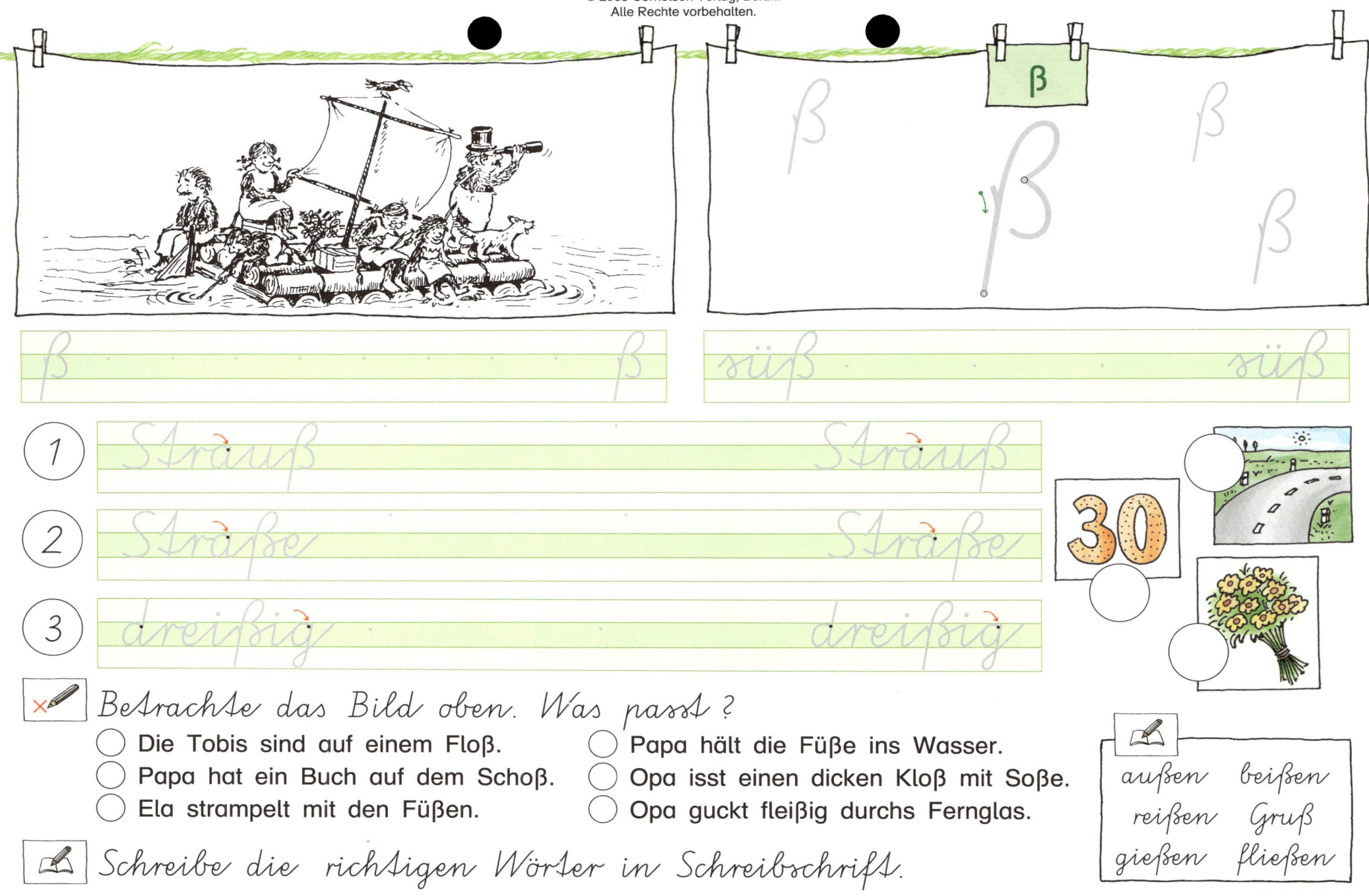

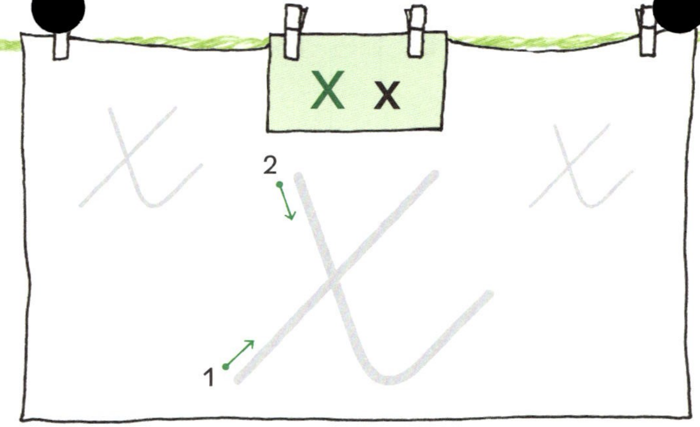

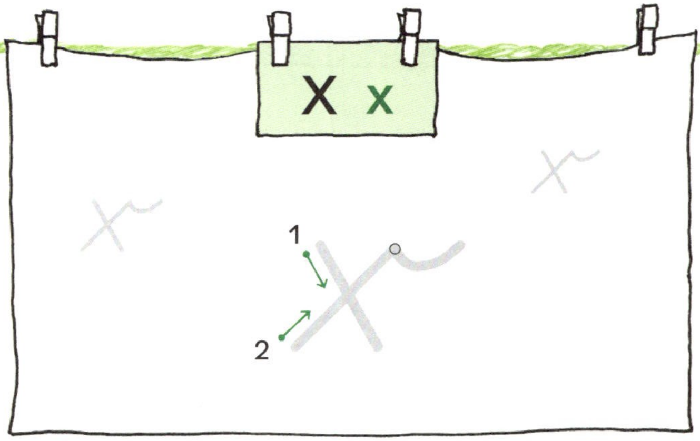

X X

x x

Xaver Xaver

fix fix

Faxen Faxen

Axt Axt

Würfle Sätze.

Die Hexe	hext	fix.
Das Taxi	fährt	blitzschnell um die Ecke.
Der Boxer	boxt	verflixt gut.
Die Nixe	spielt	auf dem Xylofon.
Maxi	übt	tolle Faxen.
Der Mixer	mixt	im Nu einen Teig.

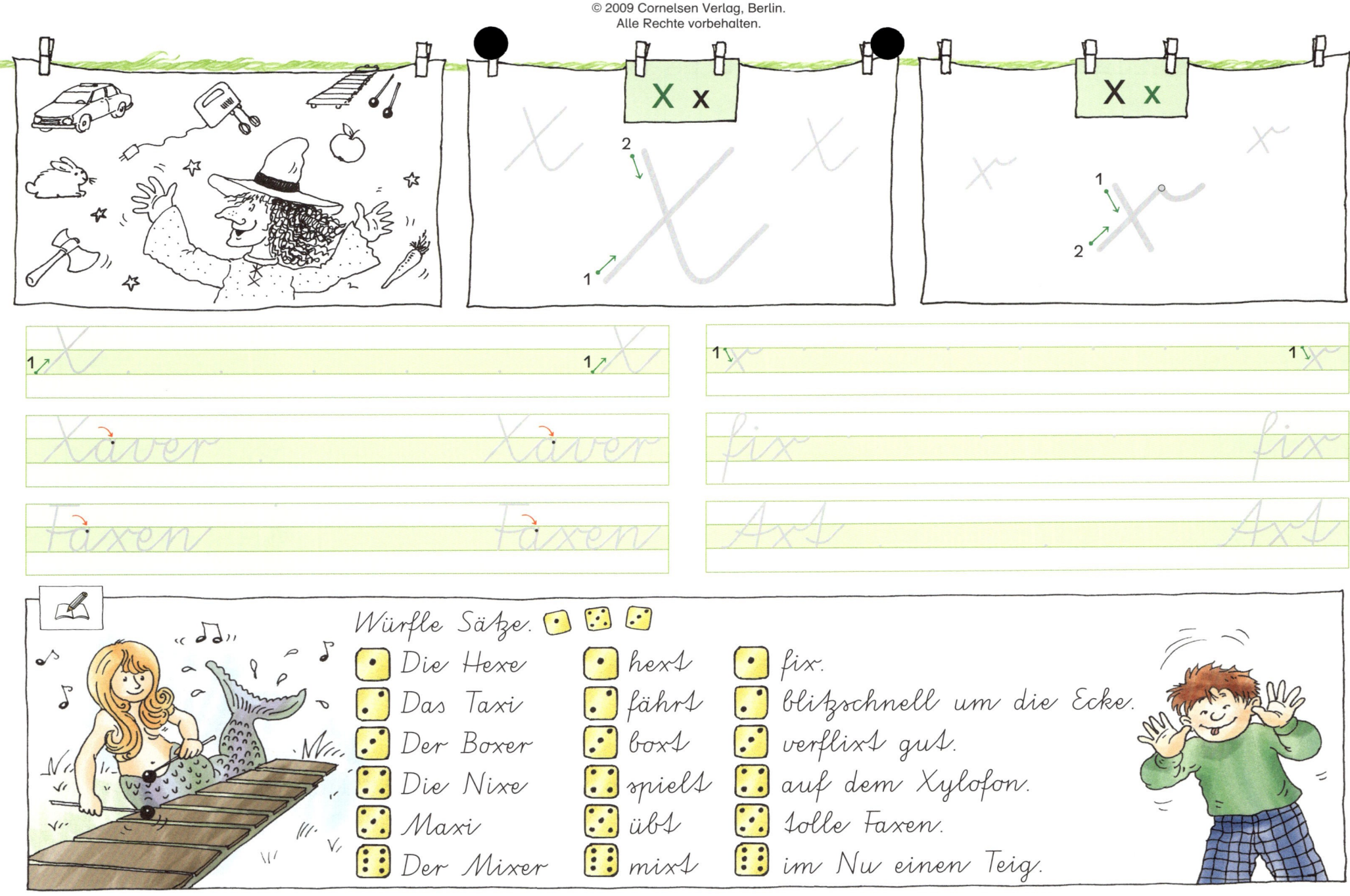

Y y

Y y

Yak

Teddy

Pony

Y y 

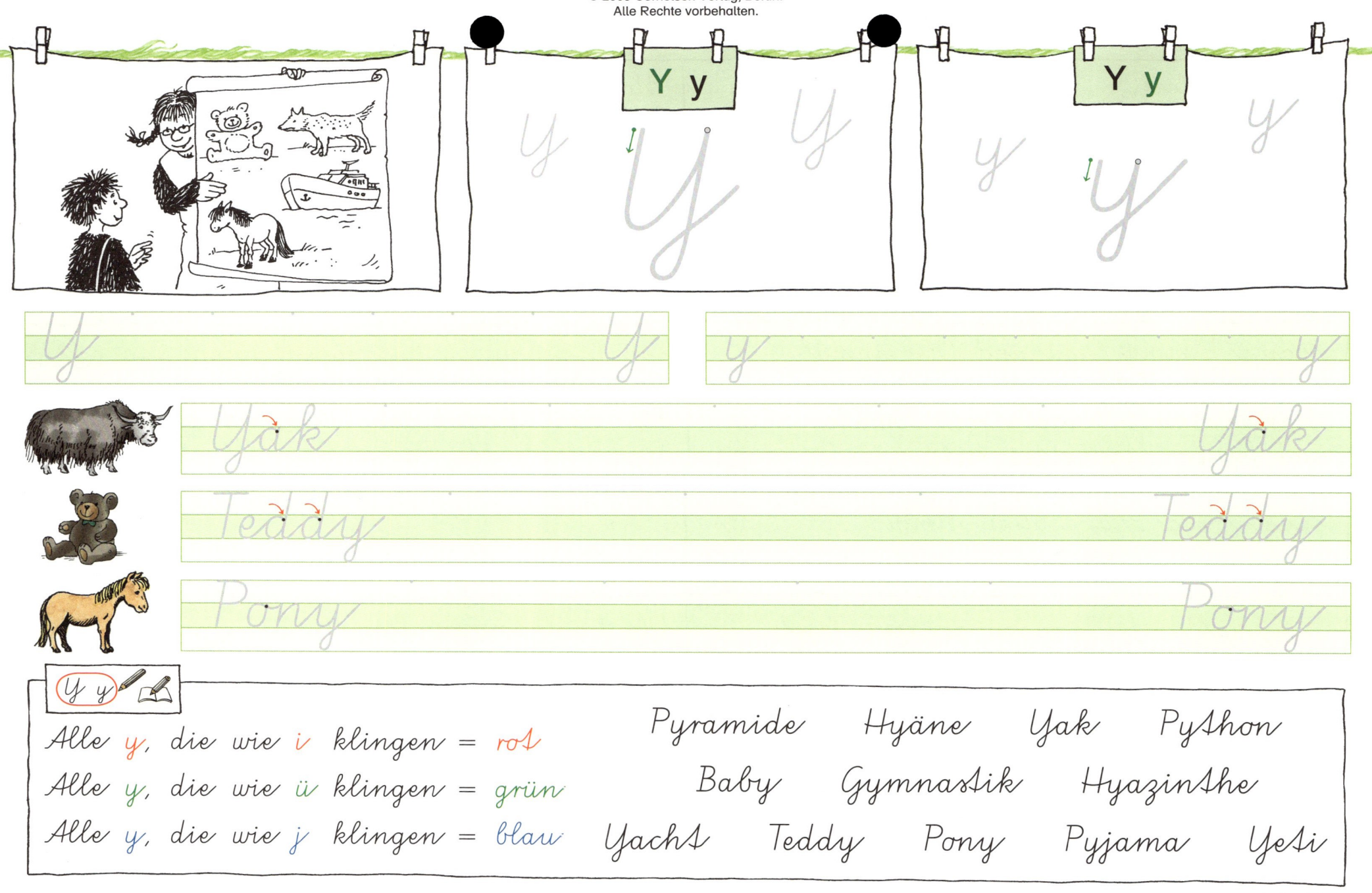

Alle y, die wie i klingen = rot

Alle y, die wie ü klingen = grün

Alle y, die wie j klingen = blau

Pyramide Hyäne Yak Python

Baby Gymnastik Hyazinthe

Yacht Teddy Pony Pyjama Yeti

▶ S. 54 Nr. 18

Malen alle?
Leo und Oma malen ein lila Lama.
Oma und Lilli malen elf Namen.
Lilli und Ole malen Leo mit Limo.
Mama und Oma malen
einen Mann im Mond.

① ▶ ab Seite 16 9 + 13 + 8 = 30 Wörter

Mama nimmt Oma und Ole einmal
mit in ein Tal.
Mama nimmt Nudeln mit Tomate
und feinen Mandeltee mit.
Mama, Oma und Ole teilen Tomaten-
nudeln und Mandeltee. Mmm.

② ▶ ab Seite 18 10 + 9 + 9 = 28 Wörter

Oma malt rote Tomaten an eine Tafel.
Mama lernt immer flott.
Ole rennt oft mit Leo fort.
Tante Lilli teilt mit Mama elf Mandeln.
Ela redet mit einem alten, netten Mann.

③ ▶ ab Seite 20 11 + 13 + 7 = 31 Wörter

Mama radelt mit Ole am Damm.
Da landet Mama mit einem Mal im Meer.
Ole rennt und rettet Mama am Mantel.
Mama umarmt Ole und ruft:
Toll, mein treuer Retter Ole!

④ ▶ ab Seite 22 14 + 7 + 10 = 31 Wörter

Ein Dino radelt mit einem roten Rad.
Er trifft nette Leute im Dorf.
Ein Pirat findet den Dino mit dem Rad toll.
Ein Pilot ruft: Prima, da rollt ein
flotter Dino mit tollem Tempo!

⑤ ▶ ab Seite 23 13 + 9 + 12 = 34 Wörter

Ole frisst immer alles.
Erst frisst er Mamas feine Salami.
Dann frisst er Omas Salat mit Nudeln.
Er frisst als Drittes ein Eis.
Nun ist alles alle und Ole
ist satt. Na toll!

⑥ ▶ ab Seite 25 10 + 13 + 10 = 33 Wörter

Wal Willi trifft seine Freunde Ela, Lilli und den Elefanten Rudi am Meeresufer.
Alle essen Melonen und Eis.
Nur Willi will etwas anderes.
Er frisst eine Seeanemone.
Dann pustet Willi Wasser an Land.

⑦ ▶ ab Seite 26 13 + 14 + 6 = 33 Wörter

Papa wandert im Wald. Dort findet er eine Falle. Ein armer Hase ist in der Falle.
Er will fortrennen, doch seine hintere Pfote ist fest. Papa hilft ihm sofort.
Der Hase hoppelt eine Weile hinter Papa her.

⑧ ▶ ab Seite 27 16 + 13 + 8 = 37 Wörter

Opa will im Wald tolle Sachen suchen. Er findet einen Felsen an einem flachen Fluss.
Dort feiern acht Wichtel, drei Drachen und ein netter Clown ein tolles Fest.
Opa lacht und feiert einfach mit.

⑨ ▶ ab Seite 30 15 + 13 + 6 = 34 Wörter

Der Affe Babu wohnt im Urwald. Dort klettert er herum und macht Unsinn.
Babu bettelt oft bei seiner Mutter, damit sie ihm einige ihrer guten Bananen gibt.
Wenn er genug hat, legt er sich ins Gras.

⑩ ▶ ab Seite 34 13 + 14 + 9 = 36 Wörter

Ela weint leise. Sie wollte gerne Tante Gerda in ihrem Garten besuchen. Gerade eben ist sie aber in ein tiefes Loch gefallen.
Nun blutet ihr Knie heftig. Der Kopf tut weh und das Gesicht ist dreckig.
Hoffentlich kommt bald Hilfe.

⑪ ▶ ab Seite 37 22 + 14 + 4 = 40 Wörter

In der Nacht liest Alo ein Buch. Darin geht es um einen Ritter, der eine Burg besucht. Dort haust ein grausiges Skelett.
Es klappert mit den Knochen und heult schrecklich laut.
Am Arm hat es eine Kette mit einer dicken Kugel aus Eisen.

⑫ ▶ ab Seite 40 22 + 9 + 12 = 43 Wörter

Der kleine Zauberer kann nicht gut zaubern. Zuerst zaubert er eine rosa Katze mit gelben Tatzen. Dann zaubert er ein ganz schwarzes Zebra mit roten Zähnen. Danach zaubert er eine winzige Ziege. Nun zaubert er zehn zornige Zwerge mit roten Zähnen.

(13) ▶ ab Seite 42   16 + 16 + 9 = 41 Wörter

Opa schläft ganz tief und fest. Er träumt. Er liegt unter einem Strauch mit Beeren. Da läuft eine kleine Spinne über seine Stirn. Opa springt erschreckt hoch. Dabei streift ihn ein spitzer Ast an der Nase. Opa sieht nur noch Sterne, so weh tut das. Armer Opa!

(14) ▶ ab Seite 45   15 + 12 + 20 = 47 Wörter

Alo und Ela spielen, dass sie in Afrika wohnen. Sie tun, als ob sie Jäger sind, die in der Steppe jagen. Dort wollen sie einen Jaguar fangen. Sie stellen ihm keine Falle, in der spitze Stangen befestigt sind. Sie wollen ihn mit einem Jogurt anlocken.

(15) ▶ ab Seite 46   21 + 17 + 7 = 45 Wörter

Papa macht ganz viel Quatsch. Zuerst quiekt er wie ein kleines Ferkel, dann quietscht er wie eine alte, rostige Tür. Jetzt dreht er sich wie ein Quirl im Kreis und jodelt dabei. Als letztes hüpft er wie ein Frosch im Quadrat.

(16) ▶ ab Seite 48   20 + 12 + 9 = 41 Wörter

Im Wald ist eine heiße Quelle. Das Wasser fließt in einen kleinen Bach. Die Tobis baden ihre Füße darin. Das macht allen viel Spaß! Bloß Oma ist nicht dabei. Sie kocht an einem Feuer Klöße mit Soße. Außerdem macht sie Vanillepudding mit vielen süßen Früchten.

(17) ▶ ab Seite 49   24 + 13 + 8 = 45 Wörter

Die kleine Hexe Hilli will verreisen. Sie will mit einer großen Yacht nach Ägypten zu den Pyramiden fahren. Als Begleiter nimmt sie den Raben Nix, das kleine Pony und ihren Teddy mit. Schnell hext sie sich ein Taxi herbei.

(18) ▶ ab Seite 51   18 + 14 + 7 = 39 Wörter

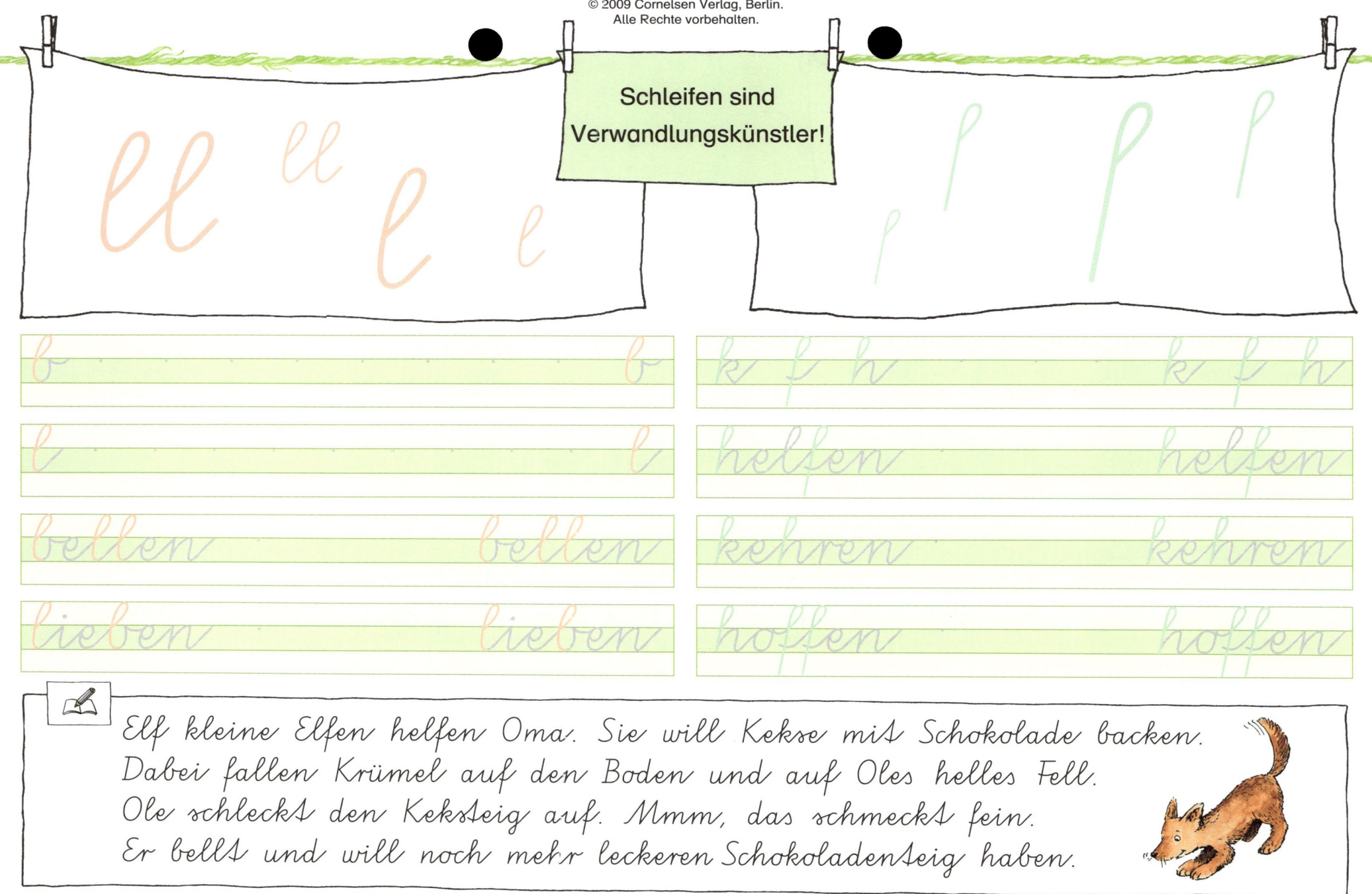

Schleifen sind Verwandlungskünstler!

b b

k f h k f h

l l

helfen helfen

bellen bellen

kehren kehren

lieben lieben

hoffen hoffen

Elf kleine Elfen helfen Oma. Sie will Kekse mit Schokolade backen.
Dabei fallen Krümel auf den Boden und auf Oles helles Fell.
Ole schleckt den Keksteig auf. Mmm, das schmeckt fein.
Er bellt und will noch mehr leckeren Schokoladenteig haben.

a d o a d o

o o o o

doch doch

qu g qu g

quengeln

quengeln

Alos Hose hat einen dicken Riss und ein Loch.

Oma kocht am qualmenden Feuer Pudding.

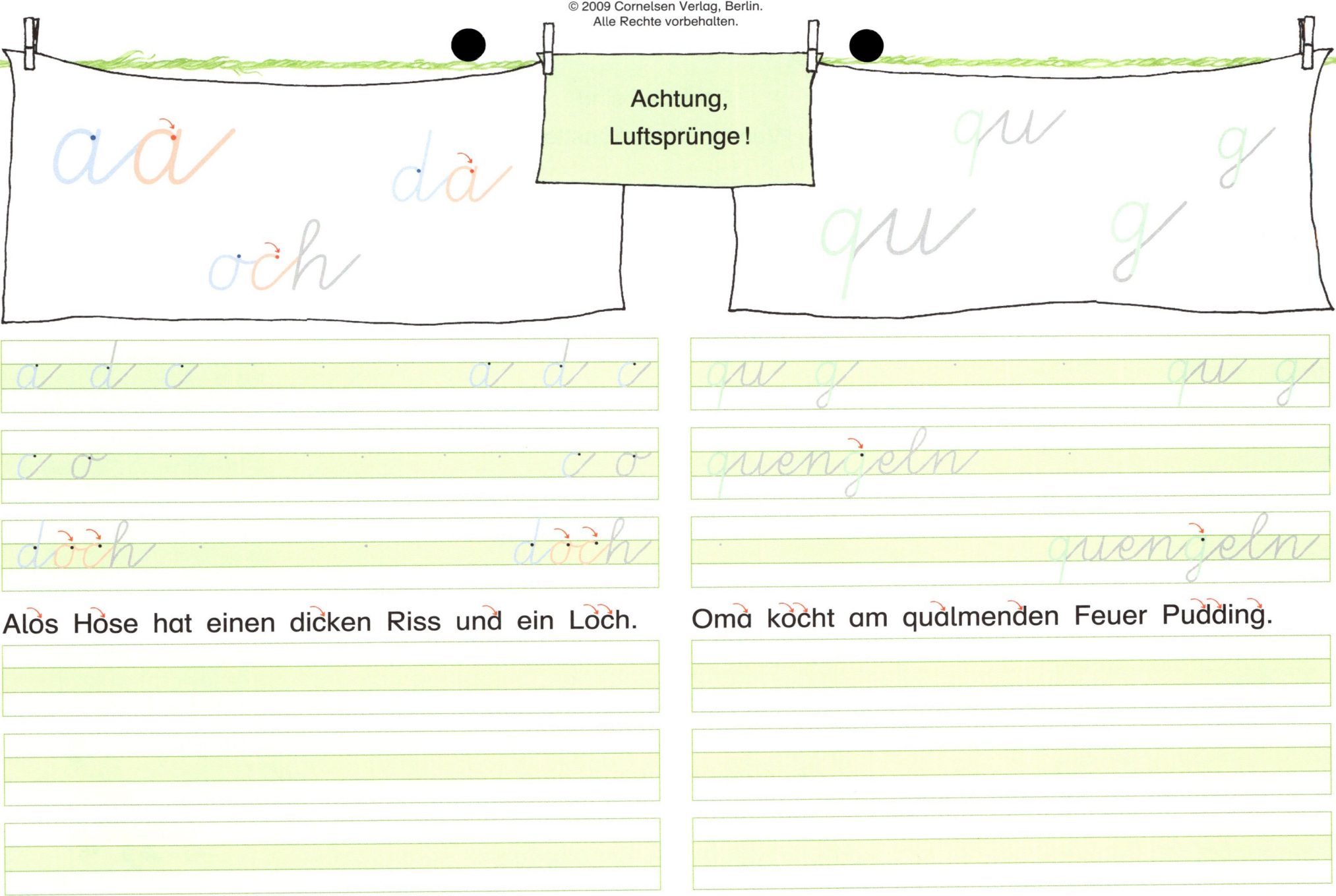

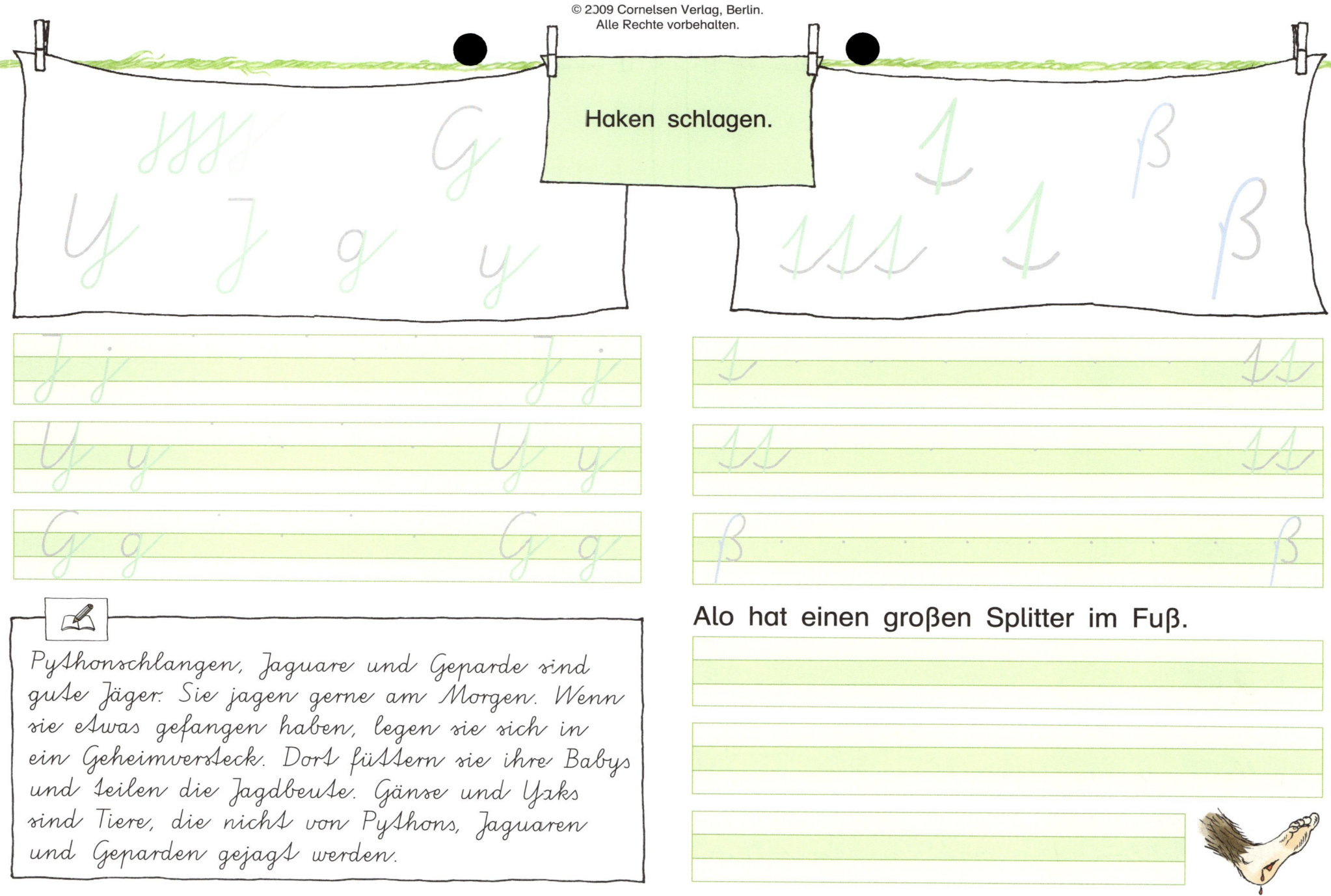

Haken schlagen.

Pythonschlangen, Jaguare und Geparde sind gute Jäger. Sie jagen gerne am Morgen. Wenn sie etwas gefangen haben, legen sie sich in ein Geheimversteck. Dort füttern sie ihre Babys und teilen die Jagdbeute. Gänse und Yaks sind Tiere, die nicht von Pythons, Jaguaren und Geparden gejagt werden.

Alo hat einen großen Splitter im Fuß.

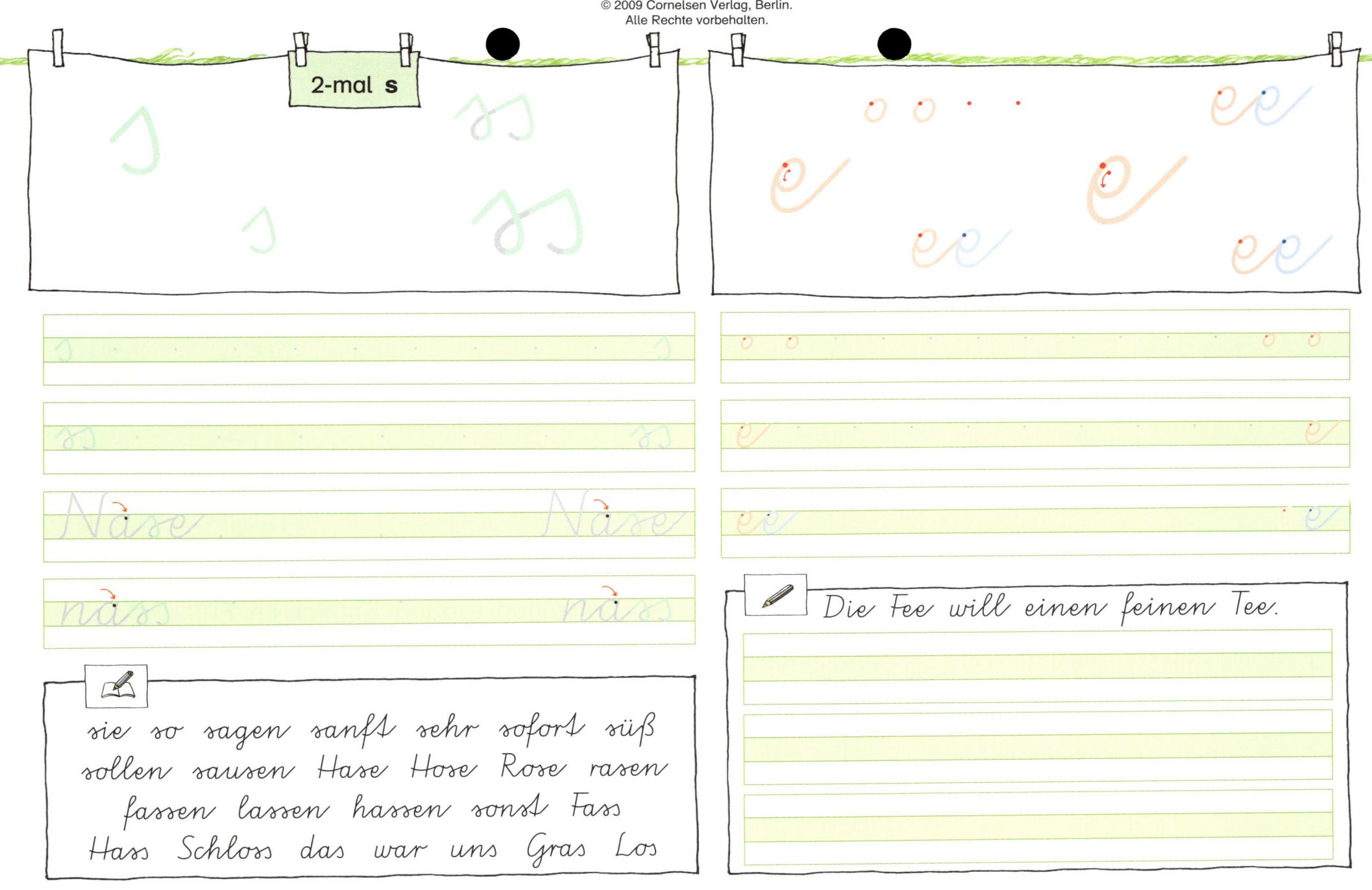

2-mal **s**

Nase

nass

sie so sagen sanft sehr sofort süß
sollen sausen Hase Hose Rose rasen
fassen lassen hassen sonst Fass
Hass Schloss das war uns Gras Los

Die Fee will einen feinen Tee.

Was passt zur Zahl? Schreibe auf!

1 Hose

2

3

4

5

6

7

8

9

10

Schreibe die Zahlen von 1 – 10 in verschiedenen Farben an Dinge aus dem Bild, die dir gefallen.
Schreibe dann die passenden Wörter auf.

Schreibe noch andere Nummern ins Bild. Schreibe die passenden Wörter ins Heft.

Mama Papa Seifenblasen Wasser Fische
hell sitzt fliegen Spritze springen
Schirm Schwamm Seife Luft Schaumbad

Zauberer Drache Wolke Papa Opa fliegt
Zauberei es regnet spuckt isst Zähne
Gras Feuer Ohren Luft Buch Brille

Eule Elefant Lama Ameise
will isst frisst nimmt Limo
Nudeln Salat Torte Salami

Ela Leo Mama Opa Papa Piraten-
fahne turnt sitzt Mist schüttet
hängt Mast Schulter Fernrohr Eimer

Was denken oder sagen sie? Schreibe in die Sprechblasen.

Zähle stumm von 1–18. Ein Partner sagt: Stopp! Suche den passenden Buchstaben heraus. Finde drei Wörter, die mit diesem Buchstaben beginnen. Die Bilder können dir helfen.

Vogel	Vanilleeis	Vase

1–A	2–B	3–D	4–E	5–F	6–G	7–H	8–K	9–L
10–M	11–N	12–O	13–P	14–R	15–S	16–T	17–W	18–Z

Inhalt